Organisationsstudien

Herausgegeben von
S. Kühl, Bielefeld, Deutschland

Die Faszination der Organisationsforschung besteht in überraschenden Beschreibungen, die nicht dem entsprechen, was man auch in der Tagespresse lesen kann, in provokanten Thesen, die erst einmal auf Widerspruch treffen, aber zum Nachdenken anregen, Einblicke in die Praxis, die auch die Praktiker noch überraschen können. In dieser Reihe werden kürzere Texte publiziert, die empirisch fundiert sind, aber diese Empirie durch die Organisationstheorien so nutzen, dass überraschende Einsichten generiert werden. Häufig kommen dabei Thesen heraus, die zum Widerspruch reizen. Und genau das ist der Sinn der theoretisch informierten, empirisch fundierten Organisationsforschung – neue Blickwinkel auf Organisationen zu generieren.

Weitere Bände in dieser Reihe
http://www.springer.com/series/13429

Herausgegeben von
Stefan Kühl
Fakultät für Soziologie
Organisationssoziologie
Universität Bielefeld
Bielefeld, Deutschland

Alexander Gruber

Beraten nach Zahlen

Über Steuerungsinstrumente und Kennzahlen in Beratungsprojekten

 Springer VS

Alexander Gruber
Universität Bielefeld
Deutschland

Gefördert durch die Westfälisch-Lippische Universitätsgesellschaft

ISBN 978-3-658-06158-6   ISBN 978-3-658-06159-3 (eBook)
DOI 10.1007/978-3-658-06159-3

Die Deutsche Nationalbibliothek verzeichnet diese Publikation in der Deutschen Natio-nalbibliografie; detaillierte bibliografische Daten sind im Internet über http://dnb.d-nb.de abrufbar.

Springer VS
© Springer Fachmedien Wiesbaden 2015

Gedruckt auf säurefreiem und chlorfrei gebleichtem Papier

Springer VS ist eine Marke von Springer DE. Springer DE ist Teil der Fachverlagsgruppe Springer Science+Business Media.
www.springer-vs.de

Inhalt

1 Mit Steuerungsinstrumenten Organisationen bewegen.
   Über einen Beratungs- und Optimierungsansatz
   im Personalmanagement 7

2 Strategisches Human Capital Management und seine Umsetzung
   in Steuerungsinstrumente 15

3 Über Rationalität im Implementierungs- und Beratungsprozess 39

4 Das Verhältnis zwischen Steuerungsinstrumenten und
   Entscheidungen 63

5 Funktionen von Steuerungsinstrumenten in Organisationen 85

6 Organisationssteuerung mit Instrumenten und die Selbstregulation
   von Organisationen 103

Anhang: Nachbemerkung zur Methodik der Fallstudie 109

Literatur 117

Mit Steuerungsinstrumenten Organisationen bewegen

Über einen Beratungs- und Optimierungsansatz im Personalmanagement

Ob Globalisierung und Internationalisierung der Märkte und Unternehmen, Verschiebungen weg von materiellen hin zu immateriellen Wirtschaftsgütern, Aufkommen und Durchsetzung neuer Informationstechniken, „Virtualisierung" der Arbeitsbeziehungen, Wettbewerbsdruck oder die Herausforderungen der Finanz- und Wirtschaftskrise, demographischer Wandel und „War for Talents": Die „heutige Zeit" stellt ununterbrochen neue und schwierige Herausforderungen, denen Unternehmen und andere Organisationen mit immer neuen, angemessenen Methoden begegnen müssen, um erfolgreich zu bestehen. Davon jedenfalls scheinen Organisationsvertreter und ihnen hilfreich zur Seite stehende Berater fest überzeugt. Man kann angesichts der Häufigkeit und Dichte, in der solche Floskeln die Außendarstellungen von Organisationen und ganzen Branchen besiedeln, schon von „üblichen Verdächtigen" (Kühl 2006a, S. 2) sprechen, die sich pauschal als Begründungen für Organisationsreformen eignen. Was auch immer verbessert werden und wie auch immer das geschehen soll – die Diagnose, eine Organisation sei neu auszurichten, stimmt irgendwie immer.

Die entsprechenden Begründungsmuster dienen auch als Anlässe für Optimierungsversuche im Personalwesen von Organisationen. Die Mitarbeiter stehen angesichts der veränderten Kontextbedingungen vor neuartigen Herausforderungen, weshalb auch ein neuartiges, strategisch orientiertes und wirksames Personalmanagement erforderlich ist – so lautet die Problem- und Lösungskette, wenn sie Einzug in die Personalarbeit hält. Als adäquate Mittel, mit denen man den neuen Herausforderungen begegnen kann, werden dann nicht selten sogenannte Steuerungs-, Kontroll- oder Planungsinstrumente vorgestellt. Es handelt sich dabei um teils automatisierte Berechnungen, Visualisierungen und Planungsschemata, die es der Organisation erlauben sollen, Personalbewegungen und -eigenschaften vorauszusehen, umfassend zu bewerten und in die sich aus der Organisationsstrategie ergebende richtige Richtung zu lenken.

Hinter solchen Steuerungsinstrumenten steht eine nicht nur in Organisationen zu beobachtende Begeisterung für Zahlen, eine Faszination der Quantifizierung. Für das Management von Organisationen haben Zahlen einen ganz besonderen Reiz, wenn sie als Direktiven für Entscheidungen verstanden werden. Zahlen und die darauf aufbauenden Visualisierungen und Diagramme wirken per se glaubwürdig, denn sie suggerieren Objektivität, Neutralität und Unabhängigkeit. Um soziale Phänomene angemessen einschätzen und Entscheidungen über sie treffen zu können, erscheint es Managern daher häufig geradezu als Königsweg, sie zahlenmäßig auszumessen und sich dann an Übereinstimmungen oder Differenzen zwischen quantifizierten Ergebnissen zu orientieren.

Das Personal einer Organisation lässt sich als Entscheidungsgegenstand mehr oder weniger gut quantifizieren – wie eigentlich jedes soziale Phänomen. Die betroffenen Mitarbeiter werden, in Zahlen ausgedrückt, vergleichbar, und die Vergleichbarkeit sorgt wiederum für Beachtung, Aufmerksamkeit und Glaubwürdigkeit. Personalbewegungen können dann mit Steuerungsinstrumenten auf Zahlenbasis ausgerechnet und vorhergesehen werden. Die Prognosen ermutigen zu korrigierenden und optimierenden Eingriffen, eben zur angestrebten „Steuerung". Man sieht dank der Berechnungen und Auswertungen der Instrumente, wo die Mitarbeiter einer Organisation stehen, wie gut oder schlecht sie in ihrem Job sind und was von ihnen in Zukunft zu erwarten ist. Es ist das erklärte Ziel der Personalsteuerung, mit strategischen Entscheidungen auf die Personalflüsse einzuwirken, sie in günstiger Weise zu beeinflussen und auf die Erreichung der Organisationsziele hin zu rationalisieren. Ganz unterschiedliche Maßnahmen können aus den Auswertungen „abgeleitet" werden: Ein guter Mitarbeiter darf nach einer einzuschiebenden Fördermaßnahme auf den lang ersehnten Aufstieg hoffen, für einen anderen werden solche Ambitionen zerstört, weil sein Portfolio laut Auswertung nicht zu den Anforderungen passt. Personalentwicklungsmaßnahmen werden eingeleitet, weil es entsprechend einer Bedarfserhebung strategisch geboten scheint. Und Problemkandidaten ist ihr Mangel an Eignung nun auch mit scheinbar harten Fakten nachzuweisen – unangenehme Konsequenzen lassen sich demzufolge besser begründen. Sie scheinen nach dem Motto „Zahlen – Daten – Fakten" objektiv gerechtfertigt.

Mit solchen Planungs- und Beurteilungsinstrumenten ausgestattet werden Personalabteilungen erklärterweise zu „Partnern des Top-Managements", zu „Antreibern" der anderen Organisationsbereiche. Sie sehen personelle Veränderungsbedarfe längerfristig voraus, leiten strategisch notwendige und erfolgversprechende Maßnahmen ein und bringen so erfolgreiche Mitarbeiter zur richtigen Zeit an den richtigen Ort. Wenn die Mitarbeiter, wie in diesem Zusammenhang oft zu vernehmen, die wichtigsten Bausteine oder Ressourcen der Organisation sind, kann die

Personalsteuerung als vornehmliche Organisationsaufgabe verstanden werden. So werden Personaler zu Change Managern, Kompetenzsteuerern und Wertschöpfern, die dank ihrer Planungs- und Lenkungswerkzeuge scheinbar die ganze Organisation im Blick haben, auf Kurs halten und vor sich her treiben. Beratungsprojekte, die eine entsprechende Ausrichtung des Personalmanagements beabsichtigen und dessen Ausstattung mit Steuerungsinstrumenten zum Ziel haben, wirken vor dem Hintergrund dieser Argumente erfolgsträchtig im Sinne des Organisationszieles. Die Erarbeitung von Steuerungsinstrumenten unter Anleitung von Organisationsberatern kommt offenbar dem Organisationserfolg zugute. Sie scheint geeignet als Maßnahme zur erfolgreichen Umsetzung z. B. von Unternehmensstrategien, zur Erreichung von angestrebten Profiten, zur Durchsetzung von Organisationen gegen Konkurrenten und ihrer Profilierung am Markt.

Die Absicht der vorliegenden Fallstudie ist es, diese bei Praktikern, ihren Beratern und Textlieferanten vorzufindenden Sichtweisen zu demontieren. Die auf Organisationserfolg ausgerichteten Beschreibungen und Erfolgsrezepte der Steuerungsinstrumente werden hinterfragt, und eine alternative organisationssoziologische Analyse wird ausgearbeitet. Sie beruht auf der Beobachtung, dass der Umgang mit den Strategieumsetzung verheißenden Steuerungsinstrumenten in Unternehmen den sie begründenden und legitimierenden Programmen und Erklärungen widerspricht. Zielgerichtetheit und Profitorientierung im zum wertschöpfenden Management gewordenen Personalwesen dienen als offizielle Anlässe und Rechtfertigungen für entsprechende Reformbemühungen. Zugleich scheint die praktische Implementierung von Steuerungsinstrumenten anderen Bedingungen und Mechanismen zu gehorchen, die in den Erfolgsprogrammen organisationaler Steuerung nicht erklärt werden. Der Umgang mit Steuerungsprogrammen weicht von den offiziell gültigen Plänen und Vorstellungen ab. Die Erfolgsanleitungen und pauschal gültigen Begründungsmuster sind deshalb in der hier vertretenen Sichtweise weder ausreichend noch geeignet, das Aufkommen und die Durchsetzung von Instrumenten der Personalsteuerung in Organisationskontexten plausibel zu erklären. Es wird angenommen, dass ein Perspektivenwechsel weg von einer Rationalität und optimale Lösungen suchenden Sichtweise hin zu einer organisationssoziologische und -theoretische Konzepte bemühenden Interpretation die Voraussetzung ist für eine überzeugendere Beschreibung der Steuerungsbemühungen. Letztere sind folglich als soziale Phänomene in Organisationszusammenhängen zu begreifen und zu erklären.

Diese Sichtweise unterscheidet sich radikal von derjenigen der Praktiker. Es geht nicht um einen Beitrag zu einer „besseren" Organisationssteuerung, nicht um eine Kritik, die in einer Optimierung der untersuchten Steuerungsinstrumente mündet. Das Anliegen dieser Arbeit besteht explizit nicht darin, soziologische Expertise möglichst praxisnah und nutzbar darzustellen, so dass man sie im Organisationsalltag „gut gebrauchen" könnte. Von anderen Fachrichtungen, die sich gerne als „anwendungsnahe" oder sogar „angewandte" Wissenschaften sehen, wäre dies eher zu erwarten. Die hier vorgenommenen Analysen sind ganz im Gegenteil auf eine gelingende Distanzierung von den im Feld vorherrschenden Erklärungsschemata angewiesen. Sie richten sich primär an Soziologen, nicht an Praktiker. Sie sind darauf ausgerichtet, den praktischen Umgang mit Steuerungsinstrumenten zu erforschen, und nicht: wissenschaftliche Forschungsergebnisse für praktisch nützliche Steuerungsinstrumente fruchtbar zu machen.

Diese Distanzierung wird erreicht, indem die Steuerungsinstrumente als ein Fall einer allgemeiner angelegten Organisationsanalyse betrachtet werden. Die Erklärungsmuster der Organisationssoziologie bieten den Ausgangspunkt, von dem aus die Interpretationen der Steuerungsbemühungen zu anderen Einsichten gelangen. Sie werden der Praktiker-Perspektive an vielen Stellen widersprechen, Personalmanagern und Organisationsberatern befremdend vorkommen – doch diese Befremdung ist sozusagen in der Wahl einer organisationssoziologischen Perspektive angelegt. Auch der Umgang mit Zahlen wird unter anderen Vorzeichen analysiert, als es die untersuchten Instrumente nahelegen. Er wird als organisationales Phänomen betrachtet, dessen soziale Hintergründe und Implikationen klärungsbedürftig sind – nicht als neutrale Zweitfassung sozialer Phänomene, die objektive Vergleiche ermöglicht. Der Vorteil dieser Arbeitsanlage ist in einer hoffentlich überzeugenderen, plausibleren Erklärung der Steuerungsbemühungen zu sehen. Sie will keine rangmäßige Überlegenheit gegenüber der Sichtweise der Praktiker behaupten, aber ist doch geeignet, ganz andere, interessante Einsichten über die Praxis zutage zu fördern. So können kontraintuitive Hintergründe und Wirkungen von Steuerungsinstrumenten aufgedeckt und allzu idealistische Hoffnungen auf ihre Potenziale abgebremst werden.

Von diesem Standpunkt aus beschäftigt sich die Fallstudie mit der zu belegenden Lücke zwischen behauptetem Anspruch und sozialer Wirklichkeit der Steuerungsinstrumente. Auf organisationssoziologischer Basis werden alternative Erklärungen für das Aufkommen, den Aufbau und die Verortung der Steuerungsinstrumente in Organisationen ausgearbeitet. Die grundlegende These besagt, dass die Handlungs- und Entscheidungskontexte in Organisationen den Umgang mit Steuerungsinstrumenten bestimmen. Die Einbindung der Instrumente in eine gegebene Organisation folgt eher deren etablierten Verfahrensweisen und administrativen Voraussetzungen als den in den Selbstbeschreibungen der Praktiker angeführten Problemstellungen. Letztere fungieren als Ersatzformel, unter deren Deckmantel die Beteiligten unterschiedlichste Bemühungen und Versuche mit den Steuerungsinstrumenten anstellen können. So werden Bemühungen um zielgerichtet steuerndes Personalmanagement von gar nicht zielgerichteten Vorgehensweisen im Instrumentenaufbau konterkariert. Auch haben die Instrumente kontraintuitive Folgen. Nähme man die Implikationen der Zahlen und Berechnungen ernst, führte dies zu tiefgreifenden Verschiebungen im Macht- und Entscheidungsgefüge der Organisation. Solche Einsichten machen verständlich, dass die Steuerungsinstrumente zwar zu einer virtuellen Personalplanung herangezogen werden, ohne aber tatsächlichen Durchgriff auf Personalentscheidungen zu vermitteln. Welche alternativen Funktionen die Instrumente im Organisationskontext erfüllen könnten, ist die eher explorative Frage, auf die einige Antwortvorschläge erarbeitet werden. Die diese Fallstudie leitenden Fragestellungen lauten demnach: inwiefern die Steuerungsinstrumente den ihnen zugeordneten Funktionsbeschreibungen und Begründungen im praktischen Umsetzungsprozess widersprechen; welchen organisationalen Voraussetzungen die Implementierung der Instrumente stattdessen folgt und wie die Instrumente ihrerseits die sie implementierenden Organisationen verändern; auf welche alternativen Funktionen die Instrumente schließlich zu beziehen sind, wenn ihre Bedeutung im Organisationszusammenhang – wie unterstellt – durch die offiziellen Problem-Lösungs-Schemata nicht hinreichend geklärt ist.

Neben organisationssoziologischen Vorarbeiten stützt sich die Argumentation schwerpunktmäßig auf eigene Beobachtungen und Datenerhebungen des Verfassers. Als Mitglied eines Beraternetzwerks führte ich teilnehmende Beobachtungen in mehreren Unternehmen bzw. Unternehmensverbänden durch, die sich zum Erhebungszeitpunkt mit der Einrichtung von Personalsteuerungs-Instrumenten beschäftigten. Die Beschreibungen und Deutungen beziehen sich auf charakteristische Vorgänge und (Un-)Auffälligkeiten, die geeignet erscheinen, die Implementierung von Steuerungsinstrumenten im Organisationskontext darzustellen.

Im Folgenden bemühe ich mich zunächst um eine Bestandsaufnahme zur Steuerung von Organisationen mit Instrumenten des strategischen Personalmanagements. Die beobachteten Optimierungs- und Reformansätze werden in ihrer argumentativen Begründung und praktischen Umsetzung dargestellt. In diesem ersten Schritt orientiert sich die Beschreibung an den in der Praxis selbst vorgefundenen Vorstellungen. Die Sichtweisen und Kommunikationsmuster der Feldangehörigen werden möglichst unverfälscht wiedergegeben. Diese Dokumentation dient der Heranführung des Lesers an den interessierenden Steuerungsansatz und vermittelt einen Eindruck von den im Feld gültigen Zusammenhängen und Handlungsspielräumen der Beteiligten.

Die folgenden Kapitel dienen der soziologischen Analyse und Interpretation der Instrumentenverwendung in Organisationen. Zunächst wird die Zweckrationalitätslogik, mit der die Steuerungsinstrumente begründet und im Feld legitimiert werden, aufgebrochen. Anhand einer Analyse der Konstruktions- und Entscheidungsabläufe in den beobachteten Implementierungsprojekten wird deutlich, dass der Aufbau und die Einbindung der Entscheidungswerkzeuge in Organisationen nicht, wie programmatisch vorgegeben, rational im Sinne einer Zweck-Mittel-Ableitung verlaufen. Stattdessen kommen irrationale und zum Teil willkürliche Entscheidungs- und Begründungsmuster zum Tragen, die dem Instrumentengebrauch jedoch zuträglicher sind als eine strikt rationale Vorgehensweise.

Zweitens geht es um die Bedeutung und Wirkung der Steuerungsinstrumente in Organisationen. Die offizielle Darstellung der Instrumente beansprucht eine realitätsgetreue Abbildung der Mitarbeiter, die erfolgversprechende Entscheidungen durch Rechen- und Visualisierungsverfahren nahelegt. Genau dies leisten die Instrumente jedoch nicht. Vielmehr heben sie von den abzubildenden Organisationsgrößen – den Mitarbeitern – ab und erzeugen eine selbstbezügliche und dadurch letztendlich hoch plausible Entscheidungsvorlage. Konsequent durchgesetzt bergen sie jedoch das Potenzial, tiefgreifende Veränderungen in den Bereichen organisationaler Machtverteilung und Entscheidungsbefugnisse hervorzurufen. Die Instrumente verändern die Organisationsrealität, indem sie Entscheidungsgefüge manipulieren, statt sie abzubilden, um Entscheidungen zu dirigieren.

Solche kontraintuitiven Auswirkungen der Steuerungsinstrumente sind aber weder erwünscht, noch durchsetzbar, wie im anschließenden Kapitel gezeigt wird. Der Einflussbereich der Instrumente wird, eben weil ihre Konsequenzen nach und nach in der Organisation erkennbar werden, zurückgeschnitten. Man lässt die Einflussnahme der Instrumente auf effektive Personalentscheidungen nicht zu, spricht ihnen nachträglich jede Entscheidungsrelevanz ab und weicht somit vollends von den ursprünglichen Ansprüchen und Plänen ab. Man rudert zurück, plant zwar auf dem Papier, lässt Entscheidungen aber von diesen Planungen unberührt an anderer Stelle treffen. Die Instrumente könnten demzufolge als bedeutungslos, als dysfunktionales Artefakt einer gescheiterten Ambition im Personalmanagement abgeschrieben werden. Stattdessen sollen zumindest einige alternative Zusammenhänge aufgezeigt werden, in denen die Instrumente – wenn auch nicht so geplante – Funktionen übernehmen könnten. Innerhalb der Organisation manifestieren sie das Misstrauen der Organisationsspitze gegenüber den Personalentscheidungen der Führungskräfte und erzeugen einen entsprechenden Beobachtungsrahmen. Sie dienen darüber hinaus der Akquise von Plausibilität und Akzeptanz für an anderen Stellen getroffene Personalentscheidungen und bieten den Personalmanagern eine Grundlage für ihre Selbstbehauptung in der Organisation. Extern hingegen werden sie einem aus der Umwelt an die Organisation adressierten Anspruch auf Personalsteuerung gerecht und verschaffen ihr somit bestandserforderliche Legitimität.

Eine abschließende Zusammenfassung der Ergebnisse ordnet die Steuerungsinstrumente in den übergreifenden Reproduktionsmechanismus von Organisationen ein und weist damit zugleich Anknüpfungspunkte für weitere Überlegungen aus. Zuletzt folgt eine Nachbemerkung zur Methodik dieser Fallstudie. Sie reflektiert die Erhebung der zugrunde gelegten Daten, geht auf die Rolle des Verfassers während des Erhebungsprozesses im Feld ein und stellt die eingesetzten Erhebungsmethoden vor. Diese Darstellung der methodischen Vorgehensweise erlaubt eine Einschätzung der vorgelegten Arbeitsergebnisse. Sie soll die Gültigkeit und Qualität der folgenden Argumente problematisieren und absichern.

Strategisches Human Capital Management und seine Umsetzung in Steuerungsinstrumente

2

Die Verwendung von Zahlen gilt in vielen Organisationen als adäquate Möglichkeit, die im Organisationszweck festgehaltene angestrebte Organisationsleistung auf Vordermann zu bringen. Zahlen dienen in solchen Vorstellungen der Quantifizierung der Ziele und der Kontrolle ihrer Erreichung. Gibt es eine Zahl als Soll-Wert für das angestrebte Ziel und eine weitere Zahl als Ist-Wert für den aktuellen Stand, lässt sich der momentane Abstand zum Ziel als Differenz zwischen Ist und Soll zahlenförmig angeben, über die Zeit hinweg beobachten und vergleichen. Zahlen werden weiterhin als geeignet angesehen, die Tätigkeiten eines einzelnen Organisationsmitgliedes, eines Teams oder einer Abteilung mit dem Organisationsziel zu verknüpfen. Sie sollen den Beitrag der betreffenden Untereinheit zur Zielerreichung der Gesamtorganisation angeben und durch mehr oder weniger detaillierte Kontrollen und Leistungsmessungen optimieren. Der Zahlengebrauch bringt demnach das Verhalten des Einzelnen in Einklang mit dem übergeordneten Organisationsziel, steuert und überwacht die individuelle Leistung auf ihren bestmöglichen Beitrag zur Zielerreichung hin, macht schlechtere von besseren Leistungen unterscheidbar und zeigt Defizite, Verbesserungsmöglichkeiten oder über den Erwartungen liegende Ergebnisse auf.

Die Verbindung „kleinteiliger" Beiträge des einzelnen Mitarbeiters, des Teams oder der Abteilung mit dem Ziel der Gesamtorganisation folgt einem simplen Dekompositionsmodell. Jede Einzelleistung, wie klein sie auch sein mag, muss ihren Teil zum Organisationsziel beitragen – sonst wäre sie überflüssig. Wenn nun das Organisationsziel als Zahl (oder Zahlenmenge) vorliegt, müsste es prinzipiell auch möglich sein, diese übergeordnete(n) Zahl(en) in kleinteiligere Verhaltensmessungen aufzuspalten. Es ist demzufolge grundsätzlich denkbar, alle Phänomene, Vorgänge und Vorkommnisse, die überhaupt in einer Organisation stattfinden, zahlenmäßig zu erfassen und auf ihren Zielbeitrag hin zu überprüfen und zu bewerten. In diesem Sinne beschreiben Wöhe und Döring (2000, S. 853ff.) in ihrer populären Einführung in die allgemeine Betriebswirtschaftslehre die Erfassung und Kontrolle betrieblicher Transaktionen sowie die zeitnahe Information von Management und Investoren, um sie dadurch bei der Ressourcenverteilung zu überstützen, als Aufgabe des Rechnungswesens.

Auch wenn dieser Glaube an die Managementfunktion von Zahlen vor allem in der Wirtschaftswelt vorausgesetzt und vorangetrieben wird, sind es tatsächlich nicht nur Wirtschaftsunternehmen, die eine zentrale Steuerung mithilfe von Zahlen anstreben. Ob Krankenhäuser (vgl. Chua 1995), Universitäten (vgl. Townley 1996) oder Entwicklungshilfeorganisationen (vgl. Kühl 2007b) – in wahrscheinlich jedem gesellschaftlichen Feld ließe sich der Glaube an die Zahlen als Mittel zur Zweckerreichung, zur Ressourcen- und Leistungskontrolle und -steuerung, als Lenkungsinstrument also, nachweisen. Zahlengebrauch, so kann man in einer ersten Annäherung festhalten, wird mit dem Ziel einer zentralen Steuerung von Organisationen betrieben.

Diese Herangehensweise beschreiben an populärer Stelle Kaplan und Norton (1992, S. 71), wenn sie an Praktiker gerichtet formulieren: „What you measure is what you get." Die Botschaft, die sie nachfolgend in der ersten Vorstellung ihrer Balanced Scorecard verkünden, erscheint auf den ersten Blick widersprüchlich: Man nutzt derzeit zu wenige Steuerungszahlen, aber meist sind es zu viele. Die allermeisten im unternehmerischen Gebrauch befindlichen Kennzahlenwerke seien nicht umfassend genug, sondern fokussierten ausschließlich Finanzkennziffern. Diese allein gäben allerdings nicht genügend Aufschluss über das Verhalten der Führungskräfte und Mitarbeiter, über deren Leistung und somit über die ausschlaggebenden „Stellhebel" einer erfolgreichen, zielführenden Organisationssteuerung. Folgerichtig beinhalte die Balanced Scorecard, vorgestellt als bessere Kennziffernsystematik, neben Finanzkennziffern auch Zahlen zur Kundenzufriedenheit, zu organisationsinternen Prozessen sowie zu Innovations- und Ausbaumöglichkeiten der Organisation (vgl. Kaplan und Norton 1992, S. 71ff.). Die zu globale Zielsetzung „Kundenorientierung" werde beispielsweise in konkrete, Kundenbedürfnisse abbildende Zahlen, etwa die Bearbeitungszeit pro Auftrag, umgelegt; erfolgsträchtige Produktionsprozesse würden erhoben und mit passenden Messzahlen versehen; für bestehende und neue Produkte würden Innovations- und Steigerungsziffern aufgesetzt. Mit den Finanzkennzahlen vereint ergebe sich eine Zusammenfassung sehr heterogener Organisationsprobleme in einer schlüssigen Übersicht. Auch Wechselwirkungen zwischen den auf verschiedene Ausgangsprobleme bezogenen Zahlen würden deutlich, wenn etwa ein Innovationsanstieg die Kundenzufriedenheit hebe oder senke oder interne Prozesse belaste oder ankurbele. Die Anregung Kaplans und Nortons zielt also auf eine Quantifizierung organisationaler Phänomene und Vorgänge, die anders als finanzielle Ressourcen und Geldflüsse zunächst nicht in zahlenförmiger Gestalt vorliegen. Sie raten zu einer Verwendung von Messungen und Kennzahlen auch in solchen Bereichen der Organisation, in denen sie zunächst einmal nicht auf der Hand liegen. Innovationsfähigkeit zu messen liegt zum Beispiel nicht unbedingt nahe, ist für Kaplan und Norton aber ein möglicher Schlüssel zum Organisationserfolg.

Ihr zweiter Ratschlag bezieht sich auf die Zahlenmenge, die mit einer solchen Erweiterung ins Haus steht. Schon im Bereich der Finanzkennzahlen werde es unübersichtlich. Wenn man nun noch weitere Zahlen hinzunimmt, entstehe die Gefahr eines „Zahlendschungels", der die Organisationsspitze eher überfordert, anstatt ihr Steuerungsmöglichkeiten zur Hand zu geben. Die Zahlensystematik erreicht schnell eine nicht mehr überschaubare Komplexität, die Entscheidungen dann auch eher erschwert als erleichtert. Um einer solchen Informationsflut zu entgehen, gelte es, die Zahlenwerke auf wenige, aussagekräftige Schlüsselkennziffern zu beschränken. Idealerweise vereinheitliche man die heterogenen Messungen übersichtlich auf einer wegweisenden Seite – einem „Chefblatt", das die ausschlaggebenden Bewegungen in der Organisation auf einen Blick erkennbar macht und schnelle Entscheidungen provoziert (vgl. Kaplan und Norton 1992, S. 71ff.). In diesem Zusammenhang ist die bekannte Flugzeugmetapher zu sehen, die den Manager als Piloten eines Jumbojet-gleichen Unternehmens darstellt, der seine komplizierte Maschine dank des perfekt gestalteten Cockpits, welches ihm wichtige Informationen zur rechten Zeit übersichtlich zu erkennen gibt, durch Hoch- und Tiefdruckgebiete, durch Schön- und Unwetter sicher zum Ziel manövriert.[1] Neben der Ausdehnung der Quantifizierung auf nicht-finanziell erfassbare Organisationsbereiche findet sich die zweite Handreichung der Balanced Scorecard demnach in der vereinfachenden Verrechnung und einer verbildlichenden, mit technischer Ästhetik angehauchten Visualisierung der Kennzahlen in Überblicksseiten, Dashboards, Chefblättern oder auch Cockpits.

Während sich die Balanced Scorecard seit ihrer ersten Vorstellung auf einem bis heute andauernden Siegeszug durch die Konzerne befindet, scheinen die beiden Grundideen der Quantifizierung des Nicht-Finanziellen und der Visualisierung seit einiger Zeit auch jenseits von Controlling-Abteilungen und Unternehmensspitzen aufzutauchen. In den letzten Jahren ist zu beobachten, wie die neuerliche Verwendung von Zahlen, Soll-Ist-Abgleichen und daran anknüpfenden Visualisierungen auch in – aus Sicht der Controller und Top-Manager – eher abgelegenen Bereichen wie dem Personalmanagement in Mode kommt. Ein sehr grundlegender Appell in dieser Richtung kommt von den Human Resources-Autoren Becker, Huselid und Ulrich (2001). Ihr Anliegen ist die quantitative Erfassung des Beitrags der Personalarbeit

---

1   Vgl. Kaplan und Norton (1996, S. 2). Interessante Anmerkungen zu diesem Sprachgebrauch finden sich bei Nørreklit (2003, S. 599ff.).

zur Umsetzung der Organisationsstrategie. Da die wirtschaftliche Leistungsfähig-
keit eines Unternehmens zunehmend von intellektuellen und immer weniger von
materiellen Ressourcen abhänge, könne die strategische Bedeutung des Personals,
und das heißt: sein Wertschöpfungsbeitrag, nicht genug hervorgehoben werden.
Ihn adäquat zu quantifizieren sei die aktuelle Herausforderung der Personalmanager. Diese müssten sich vom „Dienstleister" für wertschöpfende Kernbereiche
des Unternehmens zum „Strategieumsetzer" umorientieren, ihre Arbeit also an der
Zielsetzung der Organisation ausrichten und zu deren Erreichung beitragen – und
diesen Beitrag eben auch zahlenförmig nachweisen: „human resource managers
[…] must move from a ‚bottom-up' perspective (emphasizing compliance and
traditonal HR) to a ‚top-down' perspective (emphasizing the implementation of
strategy)" (Becker et al. 2001, S. 2f.). Der Nachweis dieser Einflussnahme des Personalmanagements auf die organisationale Strategieumsetzung und Wertschöpfung
sei durch die Einrichtung entsprechender Messungen und Instrumente erreichbar.
Zwar bleibt bei Becker, Huselid und Ulrich (2001) offen, wie genau die passenden
Zahlenwerke auszusehen hätten; sicher aber erscheint, dass sie den entscheidenden
Ausschlag für ein unternehmensinternes Verständnis des wirtschaftlichen Wertes
des Personals und der Personalarbeit geben: „the most potent action HR managers
can take to ensure their strategic contribution is to develop a measurement system
that convincingly showcases HR's impact on business performance. To design such
a measurement system, HR managers must adopt a dramatically different perspective, one that focuses on how human resources can play a role in implementing
the firm's strategy. With a properly developed strategic HR architecture, managers
throughout the firm can understand exactly how people create value and how to
measure the value-creation process" (Becker et al. 2001, S. 4). Sind die Instrumente
erst einmal eingerichtet, stelle sich ein Bewusstsein für den strategischen Wert und
die Bedeutung des Personals und des Personalmanagements für die Wertschöpfung
quasi automatisch ein. Was die Instrumente genau vermessen und wie sie es tun,
bleibt offen; es finden sich dazu lediglich uneinheitliche und vage Vorschläge (vgl.
Becker et al. 2001, S. 53ff., 131ff.). Doch der Personaler wird hier angehalten, sich als
Wertschöpfer zu verstehen, und dies mit Zahlen und Instrumenten darzustellen.
    Eine solche Bedeutungssteigerung des Personalmanagements zu bewerkstel-
ligen und Unternehmen praktisch handhabbare Instrumente zur Ausgestaltung
dieses Anspruches an die Hand zu geben ist der Ansatz des „Human Capital
Management". Man findet ihn in der praxisnahen Literatur der letzten Jahre zum
Personalmanagement (vgl. Hasebrook 2008, S. 7ff.), aber auch als Dienstleistung
und Verbesserungsansatz, der von dem beobachteten Beraternetzwerk an seine
Klienten herangetragen wird (vgl. Unternehmen C, Dokument 1). Grundgedanke
ist auch hier eine Veränderung der unternehmensinternen Rolle der Personalarbeit:

„Hervorragendes Personalmanagement steigert nachhaltig die Vertriebsergebnisse und Unternehmenswert [...] Dazu ist eine Entwicklung weg von klassischer Personal- und Organisationsentwicklung hin zur direkten Unterstützung von Geschäfts- und Führungsprozessen erforderlich." Somit werde das Personalmanagement „zum Partner der Unternehmensführung und der Veränderer" (Hasebrook 2008, S. 3f.). Als Anlass für dieses neue Verständnis des Personalmanagements wird – Kaplans und Nortons (1996, S. 2ff.) Gegenüberstellung von Industrie- und Informationszeitalter aufgreifend – die wirtschaftliche Bedeutung sogenannter „unsichtbarer" oder „immaterieller Werte" („Intangible Assets") angeführt. Der Marktwert eines Unternehmens werde immer weniger durch seinen Buchwert, also durch die Summe seines Eigenkapitals und seines Anlagevermögens bestimmt. Der Preis, den ein Unternehmen am Markt wert ist, werde nur zu 20 % durch seinen Buchwert abgedeckt, behauptet z. b. eine einschlägige Überblickspräsentation zum Human Capital Management für einen großen Industriekonzern (vgl. Unternehmen C, Dokument 1, S. 4). Die Differenz zwischen Marktwert und Buchwert, die restlichen 80 % des Unternehmenswertes am Markt also, werden durch immaterielle Ressourcen erklärt (vgl. auch Heyse 2007, S. 20f.). Der „wahre" Unternehmenswert könne ohne Berücksichtigung immaterieller Ressourcen nicht bestimmt werden. Ihr Einfluss auf den Unternehmenserfolg, auf die erwirtschaftete Rendite, sei häufig größer als derjenige der materiellen Unternehmensbestandteile (vgl. Hasebrook 2004, S. 313ff.). Daher „zeichnet sich ein tiefgreifender Paradigmenwechsel in der Bewertung von Unternehmen ab, der sowohl zu mehr Messbarkeit immaterieller Vermögenswerte führt als auch zu mehr Unsicherheit und Volatilität in der Unternehmensbewertung" (Hasebrook 2004, S. 315). Besonders in sogenannten „Wissensindustrien" verändere die Verschiebung von Markt- und Buchwert die Bewertung des immateriellen Vermögens. Während sein Anteil in Produktionsbetrieben bei durchschnittlich 50 % liege, bestimme er bei Dienstleistungen und Banken 80 %, bei IT- und Pharmaunternehmen sogar mehr als 90 % des Marktwertes. Wissensintensive Branchen erführen durch die zunehmende Berücksichtigung der „Intangible Assets" eine besonders starke Wertsteigerung (vgl. Unternehmen C, Dokument 1, S. 25).

Der größte Anteil an jenen neuerdings wirtschaftlich ausschlaggebenden, immateriellen Ressourcen könne dem Personal des Unternehmens, seinem „Humankapital" zugerechnet werden. In der „quartären Wirtschaft" werde das Wissen der Mitglieder zum wichtigsten Wirtschaftsgut und zur Aktivposition (vgl. Hasebrook 2004, S. 317). Der direkte Anteil des Humankapitals am Marktwert beispielsweise eines Pharmakonzerns betrage 30 % bis 40 %. Da es zusätzlich andere immaterielle Ressourcen wie z. B. Kundenbeziehungen indirekt beeinflusse, stelle Humankapital insgesamt mehr als 50 % des Unternehmenswertes dar (vgl. Unternehmen C, Dokument 1, S. 4). Die notwendige Konsequenz aus dieser enormen wirtschaftlichen Bedeutung der Mitarbeiter wird einerseits in der Aufführung immaterieller Güter in Unternehmensbilanzen gesehen. Die Bilanzierung der Mitarbeiter als Komponenten des Unternehmenswertes müsse für wirtschaftliche Bewertungen künftig ebenso ernstgenommen werden wie finanzielle Ergebnisse. Unternehmen müssten Verfahren entwickeln, durch Bilanzierung ihres Human- und Wissenskapitals Wettbewerbsvorteile zu erreichen und zu sichern (vgl. Hasebrook 2004, S. 317). Mitarbeiterkompetenzen könnten, ähnlich wie Investitionsgüter, als „beliehene Produktionsfaktoren", d. h. als Aktiva in der Bilanz geführt und somit dem Besitz der Eigentümer zugeschlagen werden (vgl. Hasebrook 2004, S. 323f.). Diesem weitreichenden Vorschlag folgend würden Mitarbeiter und ihre Tätigkeiten in der Tat statt ausschließlich als Personalkosten als Teil des Unternehmenswertes geführt. Investitionen in Humankapital, z. B. in Personalentwicklung, könnten als Faktoren zur Risikominderung und Ertragsstabilisierung verbucht und somit anderen Finanzinvestitionen gleichgesetzt werden. Auf eine solche Bilanzierung des Humankapitals als Wertschöpfungskomponente im Rechnungswesen zielen auch Bemühungen des International Accounting Standard Committees (IASC) um einen „International Accounting Standard on Intangible Assets" (vgl. Heyse 2007, S. 20f.).

Ob das Personal nun tatsächlich in Geschäftsberichten als Wertetreiber, als der es in der klassischen Buchführung und Rechnungslegung nicht auftaucht, behandelt werden kann und soll, möchte ich hier nicht weitergehend diskutieren. Wichtig ist die Feststellung, dass solche Überlegungen als Anlass dienen, das Management von Intangible Assets und insbesondere des Humankapitals auf eine bestimmte Art und Weise zu reflektieren und entsprechende Optimierungen anzuregen. Aus der Darstellung einer hohen wirtschaftlichen Bedeutung und möglichen Bilanzierung des Humankapitals wird ein dringend notwendiger Bedeutungszuwachs des Personalmanagements geschlossen. Personalarbeit wird vor diesem Hintergrund zum zentralen Aspekt der Unternehmensführung ernannt. Mitarbeiterkompetenzen, die der Anpassung, Weiterentwicklung und Nutzung des Wissenskapitals dienen, seien die „unersetzliche Grundlage jeder Geschäftätigkeit" (Hasebrook 2004, S. 326). Das Humankapital zähle nicht allein zu den Produktionsfaktoren wie materielle Güter, sondern bilde einen Produktivitätsfaktor, auf dessen Grundlage Produktionsfaktoren erst eingesetzt werden können (vgl. Hasebrook 2004, S. 326). In dieser Sichtweise ist das Management von Personalressourcen und anderen Intangible Assets dem strategischen Management materieller Ressourcen sogar übergeordnet. Das Personalmanagement leistet demnach durch die Steuerung und Wertsteigerung des Humankapitals einen aktiven Beitrag zum Unternehmenswert (vgl. Unternehmen C, Dokument 1, S. 8).

Als „Schlüssel" zur Umsetzung des wertsteigernden Personalmanagements wird zunächst eine Erhöhung des Wertschöpfungsanteils an der Gesamtarbeitszeit der Personaler gesehen. Herkömmliche Personal- und Organisationsentwicklung werde zum Human Capital Management, indem Personalmanager sich auf wertschöpfende Tätigkeiten konzentrieren. Indem die Effizienz der Personalarbeit weiter und weiter erhöht werde, könne man die erforderlichen Zusatzkapazitäten für wertschöpfende Tätigkeiten freisetzen (vgl. Unternehmen C, Dokument 1, S. 10; Hasebrook 2008, S. 5). Als Beleg für die Vorteile einer stärkeren Beschäftigung der Personaler mit wertsteigernden Tätigkeiten werden Häufigkeitsverteilungen aus Daten der European Foundation for Quality Management (EFQM) eingesetzt. Eine durchschnittliche Personalabteilung verbringt demnach etwa die Hälfte ihrer Zeit mit Verwaltungsaufgaben. Ihr Beitrag zum Unternehmenswert betrage um 25 %. „Exzellente" Unternehmen nach EFQM hingegen investierten etwa 70 % ihrer Personalarbeit in die Unterstützung wertsteigernder Geschäftsprozesse. Ihr Wertbeitrag liege bei rund 50 %. Schließlich erzielten Unternehmen mit EFQM-exzellentem Personalmanagement um 80 % höhere Vertriebsumsätze als der jeweilige Branchendurchschnitt (vgl. Unternehmen C, Dokument 1, S. 12; Hasebrook 2008, S. 5f.). „Die größten Wertbeiträge des Personalmanagements ergeben sich […] aus der Geschäftsprozessunterstützung. Dafür ist die Netto-Wertschöpfungszeit deutlich zu erhöhen" (Hasebrook 2008, S. 5f.). Auch für die Ausgestaltung der per Effizienzsteigerung freigesetzten neuen Wertschöpfungszeit sind EFQM einige Vorschläge zu entnehmen. Zu den Erfolgsrezepten EFQM-exzellenter Unternehmen zählen etwa „Self-Assessment und HR-Benchmarking als Voraussetzung für Verbesserungen", die „Entwicklung individueller und Team-Kompetenzen" sowie die „Identifikation und langfristige Bindung der Kompetenzträger im Unternehmen". Wer sich in diesen Bereichen als exzellent zeige, erreiche überdurchschnittliche EFQM-Bewertungen: „Exzellenz im Personalmanagement zahlt sich aus" (Hasebrook 2008, S. 5).

Als „zentraler Engpassfaktor" und deshalb wichtigster „Stellhebel" eines in diesem Sinne ertragsorientierten Personalwesens wird der Aufbau und das Management von Kernkompetenzen in erfolgskritischen Positionen genannt (vgl. Unternehmen C, Dokument 1, S. 15, 17). „Die optimale Ausnutzung der Wissens- und Kompetenzressourcen und die Motivation der Mitarbeiter zum lebenslangen Lernen sind kritische Erfolgsfaktoren. […] Seit dem Entstehen der Informationsgesellschaft und deren Weiterentwicklung hin zur Wissensgesellschaft gibt es […] einen Bedarf zur strategischen Umorientierung im Human Resource Management (HRM) weg von der Verwaltung hin zu einer aktiven Entwicklung der Kompetenzen" (Hasebrook 2001, S. 252ff.). Personalmanager sollen ihre durch Effizienzsteigerungen freizusetzende Wertschöpfungszeit demnach in ein Management von Kompetenzen investieren. Als Erklärung für die Identifikation des Kompetenzmanagements als

„zentralen Stellhebel" des Human Capital Managements wird erneut der schon von Kaplan und Norton (1996, S. 2ff.) diagnostizierte Wandel gesellschaftlicher Rahmenbedingungen hin zum „Informationszeitalter" angeführt. „Betriebliche Lernkonzeptionen sind ein Spiegelbild der aktuellen Entwicklungen in der Gesellschaft, am Markt und in den Unternehmen. Gewachsene Anforderungen der Unternehmen an ihre Mitarbeiter und Führungskräfte, aber auch das veränderte Informations- und Kommunikationshandeln in der Gesellschaft und in den Betrieben haben direkten Einfluss auf die Mitarbeiterentwicklung" (Erpenbeck und Sauter 2009, S. 26).

Die Folge der gesellschaftlichen Veränderungen zeige sich konkret in einer zunehmenden Unbestimmtheit der Arbeitssituation, angesichts derer die Mitarbeiter ihre Arbeitsprozesse selbst organisieren und dabei dennoch erfolgreich sein müssten. Kompetenzen gelten als personalplanerische Antwort auf diese zunehmende Offenheit der Arbeitssituation. Es handle sich um „die Fähigkeiten [...], in solchen unsicheren, offenen Situationen, selbst organisiert handeln zu können, ohne bekannte Lösungswege ‚qualifiziert' abzuarbeiten. Ohne das Resultat schon von vornherein zu kennen" (Erpenbeck und Sauter 2009, S. 27). „Kompetenzen kennzeichnen die Fähigkeiten eines Menschen, eines Teams, eines Unternehmens, einer Organisation, in Situationen mit unsicherem Ausgang sicher zu handeln. Keiner sagt uns, wo es langgeht. Wir müssen uns zunehmend mit Ungewissheiten und schnellen Veränderungen auseinander setzen und selbstorganisiert handeln. Der Einzelne im Team, das Team im Unternehmen, das Unternehmen im Dschungel globalisierter Märkte und sozialer und politischer Netze. Kompetenzen lassen sich somit als Dispositionen (Fähigkeiten, Möglichkeiten, Bereitschaften…) zu einem solchen selbstorganisierten Handeln definieren" (Heyse 2007, S. 21).

Zur stärkeren Eingrenzung von Kompetenzen wird zusätzlich eine Gegenüberstellung zu bloßem Wissen, zu Qualifikationen und Fertigkeiten vorgenommen. Wissen und Qualifikationen beschreiben demnach allein die zutreffende Kenntnis relevanter Gegenstände. Dank Wissen könne man die fraglichen Inhalte richtig wiedergeben. Fertigkeiten befähigten darüber hinaus zur Anwendung des Wissens in bekannten Routinesituationen. Doch erst auf dem Niveau von Kompetenzen handele der Mitarbeiter auch in unklaren Situationen erfolgreich (vgl. Unternehmen B, Workshop 1, Chart 12). Somit umfassten Kompetenzen Wissen und Qualifikationen und gingen darüber hinaus. „Es gibt keine Kompetenzen ohne Fertigkeiten, ohne Wissen, ohne Qualifikationen. Aber Fertigkeiten, Wissen, Qualifikationen sind keine Kompetenzen, sondern nur Grundbestandteile davon" (Erpenbeck und Sauter 2009, S. 27; vgl. auch Heyse 2007, S. 22ff.; Unternehmen A, Workshop 1, Chart 17).

In verschiedenen Workshops zu den Themen Kernkompetenzen und Kompetenzmanagement wird den Führungskräften der beobachteten Unternehmen durch die beobachteten Berater eine auf North und Reinhardt (2005, S. 52ff.) zurückgehende Skala präsentiert, die an diese Unterscheidung von Wissen und Kompetenz anschließt. Mithilfe der Skala sollen die Führungskräfte das aktuelle Entwicklungsniveau ihrer Mitarbeiter einschätzen und für die Zukunft vorausplanen (vgl. Unternehmen B, Workshop 1, Chart 12; Workshop 2, Chart 7; Workshop 3, Chart 7; Unternehmen A, Workshop 1, Chart 16; Workshop 2, Chart 16). Nach der Skala können die Mitarbeiter sich auf dem Niveau entweder eines „Kenners", eines „Könners" oder eines „Experten" befinden. „Kenner verfügen über theoretisches Wissen mit geringer Anwendungserfahrung und sind in der Lage, vorstrukturierte Problemlösungen aus der Theorie auf praktische Fragestellungen anzuwenden"; „Könner besitzen vielfache Erfahrung in der Anwendung ihres Wissens in konkreten beruflichen Situationen, Projekten oder Prozessen. Sie reagieren auf neue, unvorhergesehene Situationen mit entsprechender Professionalität" und „Experten sind in der Lage, vollkommen selbstorganisiert und intuitiv Probleme zu antizipieren sowie neue Lösungswege zu finden. Sie zeichnen sich durch eine profunde Kenntnis ihres Spezialgebietes aus. Sie beherrschen das Management komplexer und neuartiger Aufgaben und liefern dabei wertvolle Beiträge zur Weiterentwicklung des Unternehmens" (North und Reinhardt 2005, S. 52ff.). Auf der Stufe eines fortgeschrittenen Könners und eines Experten werde das Niveau von Kompetenzen (im Unterschied zu bloßem Wissen) erreicht, die erfolgreiches Handeln in unsicheren Situationen versprechen (vgl. Unternehmen B, Workshop 1, Chart 12).

Genau diese Fähigkeit, über Wissen und Qualifikation hinausgehend kompetent zu agieren, sei nun für Unternehmen in „Wissensindustrien" erforderlich, um am Markt erfolgreich zu bestehen. Kompetenzen werden als „nicht kopierbare Wettbewerbsvorteile" (Unternehmen A, Workshop 1, Chart 16) dargestellt, sie „sichern letztlich Flexibilität und Innovationsfähigkeit und damit das Überleben des Unternehmens." „Wer sie erkennen, erweitern und mit anderen kombinieren kann, hat die Zukunft auf seiner Seite. Kompetenzen erschließen die Zukunft!" Vor dem Hintergrund dieser wirtschaftlichen und strategischen Bedeutung erscheint es dann folgerichtig, dass Kompetenzen „In allen Organisationen […] eine zunehmende Rolle" (Heyse 2007, S. 19) spielen müssen. Wenn Kompetenzen als wesentliche Komponente des Humankapitals (vgl. Heyse 2007, S. 20f.) 50 % des Unternehmenswertes ausmachen und den Erfolg einer Organisation in der Zukunft sichern, erscheinen sie als wichtigster, wettbewerbsentscheidender Unternehmensfaktor: „Der Wettbewerb der Unternehmen wird immer mehr zu einem Kompetenzwettbewerb […] Die Kompetenzentwicklung der identifizierten Talente, der Spezialisten und Führungskräfte, die kritische Positionen im Unternehmen besetzen können, wird daher zu einer strategischen Aufgabe. Ziel ist es daher, die Potenziale dieser Zielgruppe effektiv zu nutzen und zielorientiert zu entwickeln" (Erpenbeck und

Sauter 2009, S. 26). Die Verfolgung dieses Ziels fällt wiederum in den Zuständig-keitsbereich eines zum Human Capital Management befähigten Personalwesens: „Die Entfaltung bereits vorhandener sowie die Entwicklung neuer Kompetenzen wird zu einer der dringendsten Aufgaben des Personalmanagements" (Heyse 2007, S. 21). Das Personalmanagement solle, heißt es in einer Workshop-Unterlage, „Mitarbeiter in erfolgskritischen Bereichen auf Niveau zwischen ‚Könner' und ‚Experte' weiterentwickeln", „Durch Mitarbeiterkompetenzen Wettbewerbsvorteile gezielt aufbauen", „Bei Stellenanforderungen und Personalentwicklung direkt auf Kompetenzentwicklung abzielen", „Bei der Planung von Entwicklungsmaßnahmen nicht Wissen, sondern Kompetenz fokussieren", aber schließlich auch, um nicht zu viel Unruhe in das Unternehmen zu bringen, „Differenziert betrachten, wo und wann von wem welche Stufe erreicht werden sollte (nicht immer und überall sind Experten nötig)" (Unternehmen B, Workshop 1, S. 12). Strategisches Human Capital Management sorge also für den Aufbau und die Weiterentwicklung der wettbewerbsentscheidenden Kompetenzen. Personalarbeit ziele nicht allein mit Personalentwicklung auf Qualifikation – denn das würde unter den Marktbedin-gungen des Informationszeitalters nicht mehr ausreichen – sondern bringe mit Kompetenzmanagement das Unternehmen nach vorne.

Um Kompetenzen zielgerichtet zu entwickeln, müssten aber Kompetenzziele in einer Weise festgelegt werden, die deren Überprüfung und die Feststellung von Abweichungen erlaubt. „Ein System der Kompetenzentwicklung setzt voraus, dass Kompetenzziele definiert werden, die auch überprüft werden können. Deshalb wird ein Kompetenzerfassungssystem benötigt, das die Entwicklungsmöglichkeiten der Mitarbeiter erfasst und regelmäßig Rückmeldungen über den aktuellen Stand gibt" (Heyse 2007, S. 27). Der erste Stellhebel eines ertragsorientierten Human Capital Managements bestehe in der Ermittlung von Kernkompetenzen für er-folgskritische Stellen, der Bildung von Kompetenzprofilen und -portfolios, heißt es in einer Überblickspräsentation (vgl. Unternehmen C, Dokument 1, S. 18). Die Herstellung von Kompetenzprofilen werde nun ihrerseits im Wesentlichen durch einen Ist-Soll-Vergleich erreicht. Kompetenzziele und aktuelle Kompetenzniveaus der betreffenden Mitarbeiter würden quantifiziert und – ggf. auch im zeitlichen Entwicklungsverlauf – gegenübergestellt. Das Personalmanagement wird so zu einem zahlenförmigen Abgleich von Kompetenzzielen und aktuellen Kompetenzniveaus angehalten, der anschließend auch zum Ausgangsmaterial für unterschiedlichste Entwicklungsprozesse gemacht werden könne (vgl. Erpenbeck und Sauter 2009, S. 27f.). Um zukünftig erfolgreich zu sein, müssten Unternehmen das Kompetenzpo-tenzial ihrer Mitarbeiter aktiv nutzen: „Deshalb sind innovative Lernsysteme mit Kompetenzzielen zwingend erforderlich" (Erpenbeck und Sauter 2009, S. 32). In diesem Sinne wird einem Unternehmensverband beschieden, seine Mitgliedsorganisationen seien sich zwar über die Bedeutung der Kompetenzentwicklung im Klaren, es fehle ihnen jedoch an Planungsgrundlagen für gezieltes Kompetenzmanagement. Abhilfe schaffe das angestrebte Projekt durch „ein solides Vorgehensmodell zur Planung der zukünftigen Kompetenzentwicklung durch einen fundierten IST-SOLL-Vergleich." Der Nutzen für die teilnehmenden Mitgliedsorganisationen bestehe in der „Rückmeldung zum Ist-Stand des eigenen Kompetenzportfolios und gezielten Entwicklungshinweisen" (Unternehmensverband A, Dokument 1, S. 7ff.).

Konkret beginnen die beobachteten Beratungsprojekte zum Aufbau eines instrumentengestützten Human Capital Managements in Unternehmen mit der Auswahl relevanter Kernkompetenzen. Bevor ein Zielniveau festgelegt und der Ist-Soll-Vergleich durchgeführt werden kann, geht es zunächst um die Frage, welche Kompetenzen geprüft und gesteuert werden sollen. Diese Zielkompetenzen werden nicht aus der Luft gegriffen, sondern einem „praxiserprobten Kompetenzkatalog" entnommen. Es handelt sich dabei um den von Volker Heyse (2007, S. 25ff.) präsentierten „KODE®X-Kompetenzatlas", ein Ordnungsraster, das 64 Kompetenzbegriffe vier Grundkompetenzen (personal, aktivitäts- und handlungsbezogen, sozial-kommunikativ und fachlich-methodisch) zuordnet (siehe Abbildung 2.1). Der Kompetenzatlas beruht auf in den Workshops nicht näher und von Heyse (2007, S. 25f.) nur sehr knapp erläuterten Befragungs- und Zuordnungsverfahren. Er bietet neben dem Überblick über die Kompetenzen und ihre möglichen Kombinationen 147 Synonyme zu den 64 Kompetenzen; zu jeder Kompetenz außerdem vier Beobachtungs- und Beurteilungsmerkmale, eine lexikalische Definition sowie Beispiele für unzuträgliche Kompetenz-Übertreibungen. Die Kompetenz „Akquisitionsstärke" fällt im Kompetenzkatalog beispielsweise unter die sozial-kommunikative Grundkompetenz. Hier liegt sie an der Schnittstelle zur Aktivitäts- und Handlungskompetenz. Ihr sind als Synonyme „Beschaffungsfähigkeit", „Einwerbungsfähigkeit" und „Kundenwerbungsstärke" zugeordnet. Als Beobachtungsmerkmale finden sich unter anderem die Beschreibungen „Geht auf andere Personen aktiv und initiativreich zu; versteht und beeinflusst andere durch intensive und kontinuierliche Kommunikation" und „Beendet Gespräche mit konkreten Vereinbarungen (weiteres Vorgehen, Termine...)." Die lexikalische Definition beginnt mit „Akquisitionsstärke bezeichnet allgemein die Intensität und Aktivität, mit der Einwerbungs- und Werbungsprozesse in sozialen Zusammenhängen durchgeführt werden." Die negative Kompetenzübertreibung lautet „Wirkt auf andere zu bedrängend, zu sehr ergebnisorientiert...".

KODE®X-Kompetenzatlas

Abb. 2.1 Grundschema des KODE®X-Kompetenzatlas (Heyse 2007, S. 27) ©

Aus der Vorlage des Kompetenzkataloges entnehmen die Unternehmensvertreter nun die weiter zu verfolgenden, strategisch relevanten Kernkompetenzen.[2] Die grafische Anordnung der Kompetenzen im Kompetenzatlas, ihre Zuordnungen zu

---

2   Volker Heyse (2007, S. 101ff.) beschreibt für seine eigenen Beratungsleistungen mit dem KODE®/KODE®X-Softwarepaket eine andere Vorgehensweise. Die beobachteten Beratungsprojekte folgen jedoch nicht diesem von Heyse vorgestellten Ablauf, sondern bemühen ein eigenes, unabhängiges Vorgehen, das im Folgenden beschrieben wird. Aus

den vier Grundkompetenzen und die veranschaulichten Kreuzungen mit anderen Grundkompetenzen werden von den Beratern als Moderationshilfen eingesetzt (vgl. Unternehmen B, Workshop 2; Workshop 3). Das Ergebnis der Kompetenzauswahl besteht zunächst schlicht in einer Liste mit 27 Kompetenzbegriffen. Sie werden im weiteren Projektverlauf als geschäftsrelevante oder erfolgstreibende Kernkompetenzen bezeichnet, die das Unternehmen fortan forcieren soll, um strategische Ziele zu erreichen. Sie werden in einer Microsoft Excel-Tabelle festgehalten.

Steht die Auswahl erfolgstreibender Kernkompetenzen, geht es im zweiten Schritt um die Festlegung der Kompetenzanforderungen für die betrachteten Stellen (vgl. Unternehmensverband A, Dokument 1, S. 12). Während die 27 Kernkompetenzen erst einmal als geschäftsrelevante, unternehmensübergreifend gültige Erfolgstreiber vorgestellt wurden, finden sich die Unternehmensvertreter nun angehalten, den Kompetenzbedarf für unterschiedliche Unternehmensbereiche und Hierarchieebenen zu differenzieren. Die nun folgenden Festlegungen zielen gewissermaßen auf eine sinnvolle Verteilung der Ressource Kompetenz auf Bereiche und Positionen. Dazu werden die Anforderungen für jede der 27 ausgewählten Kompetenzen in eigens zu diesem Zweck veranstalteten „Kompetenzworkshops" für jedes betrachtete Stellenprofil separat fixiert. Im Sample unterscheidet das Unternehmen B zwischen Vertriebs- und Produktions-/Steuerungsbereich einerseits und drei quer zu dieser Unterteilung liegenden Hierarchieebenen andererseits. Es werden also sechs Stellenarten betrachtet: Obere Führungsebene (Bereichsleiter) in Vertrieb und Produktion/Steuerung, mittlere Führungsebene mit Teamleitern in Vertrieb und Produktion/Steuerung sowie untere Ebene (Mitarbeiter) in Vertrieb und Produktion/Steuerung. Für jedes dieser Stellenprofile werden die 27 Kernkompetenzen nun einzeln hinsichtlich ihrer Relevanz und dem verlangten Niveau quantifiziert. Dezentrale Unternehmensbereiche, die nach dem Aufbauorganigramm des Unternehmens B aus dieser Gliederung herausfallen – es handelt sich z. B. um die Revisionsabteilung und die Vorstandsassistenz (vgl. Unternehmen B, Dokument 11, S. 6) – sowie Vorstandspositionen werden nicht in die Kompetenzanforderungen einbezogen.

An den Workshops nehmen die Leiter des Personalmanagements sowie die Vorgesetzten der jeweils behandelten Stellen teil. Im ersten Kompetenzworkshop ist dies der Generalbevollmächtigte für den Vertriebsbereich, im zweiten Kompetenzworkshop der Generalbevollmächtigte der Produktions-/Steuerungsabteilungen. Zeitweise stoßen auch Vorstandsmitglieder hinzu. Den Teilnehmern wird zunächst eine Skala mit sechs Feldern präsentiert, auf der sie die Bedeutung jeder Kernkompetenz für jede Stelle einordnen sollen. Das erste Feld ist mit „irrelevant"

---

dem KODE®/KODE®X-Modell wird lediglich der Kompetenzkatalog übernommen und in anderer, vom Originalverlauf abweichender Weise verwendet.

überschrieben und rot hinterlegt, das zweite Feld entspricht einer „geringen Bedeutung", das vierte Feld einer „mittleren Bedeutung" und das sechste Feld einer „hohen Bedeutung" der Kompetenzen. Das dritte und das fünfte Feld stehen für entsprechende Zwischenstufen.

Diese Skala wird in der Excel-Tabelle neben den 27 Kompetenzbegriffen abgebildet. Die Aufgabe der Teilnehmer in den Workshops besteht darin, für jede der zwanzig einbezogenen Stellen und für jede der 27 Kompetenzen ein Kreuz in der Skala zu positionieren. Sie versehen zwanzigmal hintereinander (auf zwei Workshops verteilt) die Liste von 27 Kompetenzbegriffen mit Kreuzen zwischen „irrelevant" und „hohe Relevanz" (vgl. Unternehmen B, Workshop 2; Workshop 3). Da die Kreuze in den Workshops direkt in der Excel-Tabelle hinterlegt werden, können ihnen anschließend mit einer Excel-Funktion automatisch Zahlen zugewiesen werden.[3] 1 steht dann für „geringe Bedeutung", 3 entspricht „mittlerer Bedeutung" und 5 besagt „hohe Bedeutung". Die Zahlen 2 und 4 dienen als Zwischenstufen. 0 besagt, dass die Kompetenz für die betreffende Stelle irrelevant ist.

Neben dieser Festlegung der Bedeutung der einzelnen Kernkompetenzen für die fraglichen Stellen weisen die Workshop-Teilnehmer den Kompetenzen zusätzlich Kompetenz-Ziele zu. Zunächst ging es nur um die Frage, als wie wichtig welche Kompetenz für welche Stelle mit Blick auf die zukünftige Geschäftsentwicklung eingeschätzt wird. Im zweiten Schritt geht es um die angestrebte Ausprägung der einzelnen Kompetenzen bei den konkreten Stelleninhabern. Die Idee hinter dieser Festlegung von Kompetenz-Zielen ist eine hinreichende Differenzierung der zu erreichenden Expertise, Könner- oder Kennerschaft pro Stelle und Kompetenz. Es ist nach den Anweisungen der Berater nicht sinnvoll, alle betroffenen Mitarbeiter in jeder Kompetenz bis zum Höchstniveau zu entwickeln: „nicht immer und überall sind Experten nötig" (Unternehmen B, Workshop 1, Chart 5). Wenn alle Angestellten alle Kompetenzen bis zum Maximum entwickelten, hätte dies sogar Nachteile für das Unternehmen. So wird einer durchgehend hohen Einstufung aktivitätsbezogener Kompetenzen für verschiedenste Stellen durch die Generalbevollmächtigten in einem Kompetenzworkshop durch die Berater warnend entgegengesteuert. Zwar könnten die Generalbevollmächtigten die Kompetenz-Ziele ihrer Mitarbeiter in dieser Weise festlegen; sie sollten sich aber darüber bewusst sein, dass sie sich

---

3 Im Sample dienen die Zellen D7 bis I7 der Excel-Tabelle als Ankreuzskala für die erste Kompetenz; die Kreuze werden als „x" eingetragen. Die Formel für den Zahlenauszug dieses Vektors lautet dann „=VERGLEICH(„x";$D7:$I7)-1". Der Befehl „VERGLEICH(„x";$D7:$I7)" gibt die Position des „x" im Vektor D7 bis I7 als Zahl zwischen 1 und 6 wieder. Die anschließende Substraktion von 1 transformiert die Skala auf 0 bis 5. Diese Funktion ist für alle 27 Kompetenzen in die darunterliegenden Zellen kopiert; die Zellbezüge werden dabei automatisch angepasst (vgl. Unternehmen B, Datei 2).

damit eine sehr unruhige, schwer zu kontrollierende Truppe ins Haus holten, rät der Workshop-Leiter (vgl. Unternehmen B, Workshop 2).

Jedem aufgelisteten Kompetenzbegriff wird ein Kompetenz-Ziel zugewiesen. Die Ziele können und sollen von den Vorgesetzten je nach Stelle unterschiedlich eingeschätzt werden. Dabei wird die bereits dargelegte Unterscheidung zwischen „Kennern", „Könnern" und „Experten" (vgl. North und Reinhardt 2005, S. 52ff.) eingesetzt. Für jede Stelle und jede der 27 Kernkompetenzen bestimmen die Workshop-Teilnehmer, ob der Stelleninhaber in dieser Kompetenz idealerweise „Kenner", „Könner" oder „Experte" sein soll. Zwischen „Kenner" und „Könner" sowie zwischen „Könner" und „Experte" wird wiederum jeweils eine Zwischenstufe angeboten. Die Festlegung des Kompetenz-Ziels wird dementsprechend auf einer Skala mit fünf Feldern angekreuzt, auf der das erste Feld mit „Kenner", das dritte Feld mit „Könner" und das fünfte Feld mit „Experte" benannt wird. Das zweite und das vierte Feld bilden unbeschriftete Zwischenstufen. Die Ankreuzskalen für die Kompetenz-Ziele werden in der Excel-Datei rechts neben den zuvor fixierten Kompetenzbedeutungen eingetragen. Dieser zweiten Ankreuzliste werden jedoch keine Zahlen zugewiesen – es bleibt bei der grafisch festgehaltenen Stufendifferenzierung.

In den Kompetenzprofilen für die sechs betrachteten Stellen sind nach den Kompetenzworkshops somit jeweils die Liste von 27 Kernkompetenzen, zugehörige und in Zahlen umgesetzte Kompetenzbedeutungen und Kompetenz-Ziele in Form von Kreuzen zwischen Kenner, Könner und Experte enthalten (siehe Abbildung 2.2). Sie bilden das offizielle Ergebnis der Kompetenzworkshops im Unternehmen B.

Kompetenzprofil Teamleiter

Kompetenz	Relevanz						Kompetenz-Ziel				
	irrelevant	gering		mittel		hoch	Kenner		Könner		Experte
Organisationsfähigkeit		x					x				
Analytische Fähigkeiten	x								x		
Innovationsfähigkeit			x					x			
Zuverlässigkeit		x					x				
Selbstmanagement				x			x				
Mobilität				x					x		
Konsequenz		x									x
Belastbarkeit					x						x
Fachübergreifende Kenntnisse					x				x		
Marktkenntnisse				x					x		
Problemlösungsfähigkeit		x							x		
Kommunikationsfähigkeit				x							x
Eigeninitiative				x							x

Abbildung 2.2: Auszug aus dem Kompetenzprofil eines Teamleiters (Unternehmen B, Datei 2) ©

Abb. 2.2 Auszug aus dem Kompetenzprofil eines Teamleiters (Unternehmen B, Datei 2) ©

Nach der Erstellung der Kompetenzprofile, die die Bedeutungen sowie die angestrebten Ziele der Mitarbeiterkompetenzen dokumentieren, wird der nächste
Schritt im Aufbau der Steuerungsinstrumente in der Erhebung der aktuellen
Kompetenzniveaus der Mitarbeiter gesehen (vgl. Unternehmensverband A, Dokument 1, S. 10). Es geht nun um die Messung der Ist-Niveaus, um anschließend
Abweichungen feststellen und Auswertungen vornehmen zu können. Die Erfassung
der aktuell vorhandenen Kompetenzen wird in verschiedenen Beratungsprojekten
unterschiedlich gehandhabt. In einem Projekt werden vom Beraternetzwerk On-
line-Fragebögen zur Selbsteinschätzung durch die betroffenen Mitarbeiter entwi-
ckelt (vgl. Unternehmensverband A, Dokument 1, S. 13). Die Befragten ordnen sich
selbst auf vorgegebenen Stufen nach dem bekannten Schema „Kenner“, „Könner“
und „Experte“ ein. Zusätzlich gibt es freie Eingabefelder für Kommentare und die
Angabe weiterer, nach Ansicht der Mitarbeiter zukünftig relevanter Kompetenzen.
Die Ergebnisse werden in einfachen Grafiken aufbereitet (z. B. in gestapelten Säulen,
die die Anzahl der „Kenner“, „Könner“ und „Experten“ unter den Mitarbeitern
einer Abteilung pro Kompetenz darstellen) und an die zuständigen Vorgesetzten
weitergeleitet. Diese müssen die Ergebnisse anschließend validieren. Im intensiv und
längerfristig beobachteten Unternehmen B hingegen wird ein Beurteilungsformular,
das die Vorgesetzten standardmäßig zur Bewertung ihrer Mitarbeiter benutzen, um
die Kompetenzliste aus den Kompetenzprofilen erweitert. Das Mitarbeiterbeurteilungsformular führte zuvor eher grobe zu bewertende Verhaltensbereiche auf (vgl.
Unternehmen B, Dokument 6, S. 3f.), die nun durch die Kernkompetenzen ersetzt
werden. Es enthält fortan die Aufstellung der 27 Kompetenzbegriffe. Kompetenzen,
die für bestimmte Positionen in den Kompetenzworkshops für irrelevant erklärt
wurden, werden mit Verweise auf Fußnoten, in denen angegeben wird, dass diese
Kompetenz für die betreffenden Positionen nicht zu bewerten sei, versehen. So
seien z. B. Bewertungen für Organisationsfähigkeit, Analytische Fähigkeiten und
Fachübergreifende Kenntnisse für Angestellte auf der Mitarbeiterebene in Ver-
triebsabteilungen nicht vorzunehmen (vgl. Unternehmen B, Dokument 9, S. 3f.).

Das Beurteilungsformular sieht eine Einordnung des Mitarbeiters auf einer
fünfstufigen Skala mit den Beschriftungen 60 %, 80 %, 100 %, 120 % und 140 %
für jede relevante Kompetenz vor (siehe Abbildung 2.3). Der jeweilige Vorgesetzte
soll also im turnusmäßigen Beurteilungsgespräch im Beisein des Betroffenen für
jede relevante Kernkompetenz feststellen, ob 60 %, 80 %, 100 %, 120 % oder sogar
140 % erreicht sind. Zur Unterstützung bei dieser Beurteilung soll er einerseits ein
Beiblatt verwenden, das zu jeder enthaltenen Kernkompetenz die vier zugehörigen Beobachtungskriterien aus dem Kompetenzkatalog angibt. Dies soll ihm die
Feststellung der Kompetenz bei seiner Mitarbeiterin erleichtern. Zweitens wird
vorgesehen, ihm eine Aufstellung der Soll-Niveaus für die bewerteten Mitarbeiter in

den relevanten Kompetenzen mitzugeben. Diese Vorgaben im Kenner-Könner-Experte-Schema zeigen ihm an, bei welcher Verhaltensausprägung 100 % erreicht seien (vgl. Unternehmen B, Workshop 2; Workshop 3). Das in den Kompetenzworkshops fixierte Ziel gilt damit als Definition von 100 % im Feedback. Das Soll ist für die verschiedenen Positionen aber unterschiedlich angesetzt. Das Verfahren unterstellt somit ein hoch differenziertes und komplexes Vorgehen der Führungskräfte. Je nach Position des Beurteilten und pro Kompetenz sollen sie anhand der Beobachtungskriterien feststellen, ob die relevanten Kompetenzen erkennbar sind; zudem sollen sie in Rechnung stellen, dass z. B. ein Mitarbeiter als „Kenner" 100 % erreicht hat, während ein Teamleiter dafür als „Experte" agieren muss.

Mitarbeiterbeurteilungsformular

Kompetenz	Leistungsbeurteilung				
	60%	80%	100%	120%	140%
Organisationsfähigkeit	O	O	O	O	O
Analytische Fähigkeiten	O	O	O	O	O
Innovationsfähigkeit	O	O	O	O	O
Zuverlässigkeit	O	O	O	O	O
Selbstmanagement	O	O	O	O	O
Mobilität	O	O	O	O	O
Konsequenz	O	O	O	O	O
Belastbarkeit	O	O	O	O	O
Fachübergreifende Kenntnisse	O	O	O	O	O
Marktkenntnisse	O	O	O	O	O
Problemlösungsfähigkeit	O	O	O	O	O
Kommunikationsfähigkeit	O	O	O	O	O
Eigeninitiative	O	O	O	O	O

Abbildung 2.3: Auszug aus dem Mitarbeiterbeurteilungsformular (Unternehmen B, Dokument 9, S. 3) ©

Abb. 2.3 Auszug aus dem Mitarbeiterbeurteilungsformular (Unternehmen B, Dokument 9, S. 3) ©

Die eigentliche Implementierung kompetenzbasierter Steuerungsinstrumente beginnt erst mit der Ableitung zukunftsbezogener Kompetenzanforderungen auf Basis der zuvor festgelegten Zahlen und Daten (vgl. Unternehmensverband A, Dokument 1, S. 10). Diese Ableitung von Anforderungen geschieht in Form einer Gegenüberstellung der erhobenen Ist-Niveaus pro Mitarbeiter und Kompetenz und der Bedeutung dieser Kompetenz. Aktuelles Kompetenzniveau und Bedeutung werden in einem simplen Punktdiagramm zueinander in Beziehung gesetzt (vgl. Unternehmensverband A, Dokument 1, S. 14; Unternehmen B, Workshop 1, Chart 24; Dokument 4, S. 10). Die x-Achse steht für das aktuelle Kompetenzniveau, die y-Achse für die im Kompetenzworkshop fixierte Bedeutung der Kompetenz. Aus Ist-Niveau und Bedeutung ergibt sich für jeden Mitarbeiter bzw. jede Kompetenz die Lage eines entsprechenden Punktes im Diagramm.[4] Der Hintergrund des Diagrammes ist in je einen roten, gelben und grünen Abschnitt gegliedert (siehe Abbildung 2.4).

Anforderungsdiagramm

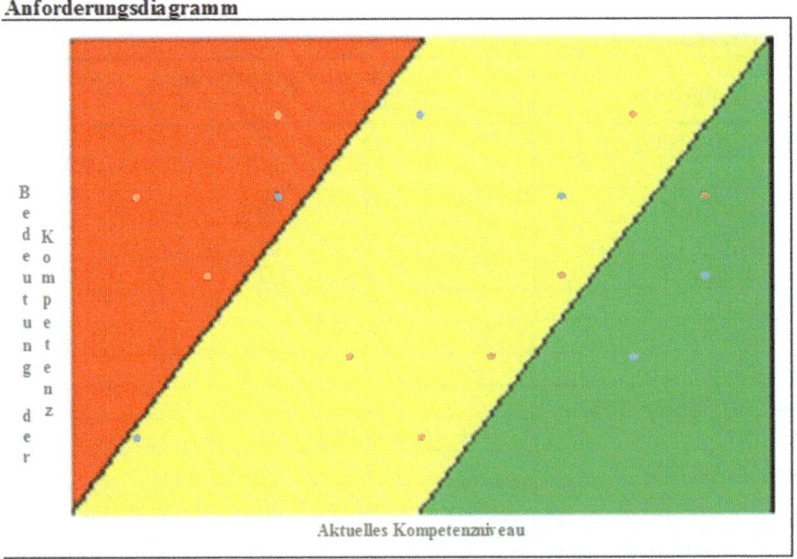

Abbildung 2.4: Anforderungsdiagramm (Unternehmen B, Workshop 1, Chart 24; Dokument 4, S. 10) ©

Abb. 2.4   Anforderungsdiagramm (Unternehmen B, Workshop 1, Chart 24; Dokument 4, S. 10) ©

---

4   Das Diagramm wurde in unterschiedlichen Projekten entweder auf einzelne Mitarbeiter oder auf einzelne Kompetenzen abgestellt. Wenn es als Gesamtdiagramm für einen Mitarbeiter steht, symbolisieren die enthaltenen Punkte seine Kompetenzen; steht es für eine Kompetenz, stehen die Punkte für einzelne Mitarbeiter.

Diese Ampelfarben verweisen auf die nahegelegte Interpretation des als „Anforderungsdiagramm" bezeichneten Punktdiagrammes. Ist das aktuelle Kompetenzniveau gering, die Bedeutung dieser Kompetenz für das zukünftige Geschäft aber als hoch eingestuft worden, befindet sich der Punkt für diesen Mitarbeiter bzw. diese Kompetenz in der roten Ecke links oben im Diagramm. Dies signalisiere Handlungsbedarf bezüglich der Entwicklung dieser Kompetenz beim Mitarbeiter. Ist das Kompetenzniveau hoch, die Bedeutung dieser Kompetenz hingegen gering, liegt der Punkt im grünen Abschnitt unten rechts. Der Mitarbeiter ist in der vermessenen Kompetenz tendenziell sogar überqualifiziert und es besteht kein Anlasse zur Nachsteuerung durch entsprechende Maßnahmen. Der gelbe Streifen, der das Anforderungsdiagramm von links unten nach rechts oben quert, symbolisiert einen tendenziell linearen Zusammenhang zwischen aktuellem Kompetenzniveau und Kompetenzbedeutung. Zurzeit entsprechen sich geringes Niveau und geringe Bedeutung bzw. hohes Niveau und hohe Bedeutung (oder auch mittleres Niveau und mittlere Bedeutung). Die Kompetenzentwicklung des Mitarbeiters passt demnach genau zur Kompetenzbedeutung für das zukünftige Geschäft, solle aber weiter beobachtet werden. Der Personalmanager habe in diesem Fall Sorge dafür zu tragen, dass es bei der guten Passung von Kompetenzniveau und Kompetenzbedeutung bleibt.

Im Unternehmen B wird eine Reihe solcher Anforderungsdiagramme in einer Excel-Datei automatisiert. Insgesamt 20 Punktdiagramme werden für verschiedene Führungsebenen und Unternehmensbereiche erzeugt (vgl. Unternehmen B, Datei 1). Als Datenbasis sind zunächst für jeden Mitarbeiter die seiner Position zugehörigen Kompetenzbedeutungen hinterlegt. Zusätzlich gibt es für jeden Mitarbeiter 27 Felder, in die die jeweiligen Kompetenzbewertungen aus dem Mitarbeiterbeurteilungsgespräch einzutragen sind. In den Anforderungsdiagrammen werden die Beurteilungen und die Bedeutungen pro Kompetenz für die betrachteten Mitarbeitergruppen visualisiert. Dabei werden nicht einzelne Mitarbeiter, sondern Mittelwerte aller betroffenen Mitarbeiter verwendet – es sei denn, es handelt sich um nur eine einzige Person (wie es bei einigen Abteilungsleitungen der Fall ist). In dem Anforderungsdiagramm für Mitarbeiter der Abteilung „Operations III" gibt es beispielsweise pro relevanter Kompetenz einen Punkt. Seine Lage im Punktdiagramm wird bestimmt durch die durchschnittliche Bewertung aller Mitarbeiter der Abteilung und die festgelegte Bedeutung dieser Kompetenz, die für alle Betroffenen übereinstimmt.

Den Anforderungsdiagrammen wird nun ein Nutzen für die „Ableitung gezielter Entwicklungsmaßnahmen zur Schließung der Kompetenzlücke" (Unternehmen B, Workshop 1, Chart 24; Dokument 4, S. 10) zugesprochen. Die im Diagrammpunkt dargestellte Passung von Mitarbeiterkompetenz und Kompetenzbedeutung gibt demnach hinreichenden Aufschluss über die Zuordnung von Personalentwicklungsmaßnahmen. Insbesondere für diejenigen Kompetenzen, in denen das Niveau der Mitarbeiter zu gering und die Bedeutung hoch ausgeprägt sind, deren Punkte also in der roten Ecke erscheinen, werde mithilfe des Anforderungsdiagramms der dringende Handlungsbedarf deutlich. Über die Lage des Punktes im Anforderungsdiagramm hinaus werden jedoch keine zusätzlichen Informationen als Hilfestellung für die Maßnahmenauswahl ausgegeben. Es bleibt bei der grafischen Darstellung von einzelnen Mitarbeiterniveau-Kompetenzbedeutungs-Kombinationen als „Problemfälle" im roten Eck. Der betreuende Personalmanager soll an der Lage dieses Punktes den vergleichsweise hohen Kompetenzentwicklungsbedarf ablesen und entsprechende Maßnahmen auf den Weg bringen. In der Excel-Datei findet sich rechts neben den Anforderungsdiagrammen eine Reihe leerer, mit „Maßnahmenplanung" überschriebener Zellen, in denen man aus den Punkten in der roten Ecke passende Maßnahmen ableiten, das heißt: in die freien Felder eintragen könne (vgl. Unternehmen B, Datei 1). Das Ergebnis wird als „Anforderungs- und Maßnahmenlandkarte zur Kompetenzentwicklung" (Unternehmen B, Workshop 1, Chart 24; Dokument 4, S. 10) bezeichnet.

Neben diesem Anforderungs- und Maßnahmenkatalog werden in der gleichen Excel-Datei für das Unternehmen B noch zwei weitere „Personalmanagement-Instrumente" (Unternehmen B, Datei 1) eingerichtet. Es handelt sich erstens um sogenannte „Personalportfolios" (vgl. Unternehmen B, Datei 1). Dahinter verbergen sich ebenfalls automatisierte Punktdiagramme, die „Potenzial" und „Vertriebsleistung" der Mitarbeiter gegenüberstellen. Auf der x-Achse wird das Potenzial der einzelnen Mitarbeiter eingetragen. Dabei handelt es sich um einen mit den Kompetenzbedeutungen gewichteten Mittelwert ihrer Kompetenzbeurteilungen. Er gibt für jeden Mitarbeiter an, wie kompetent er „durchschnittlich" ist, wobei Kompetenzen mit zugeordneter hoher Bedeutung stärker ins Gewicht fallen als solche mit geringerer Bedeutung.[5] Auf der y-Achse wird ein Wert für die Vertriebsleistung (Zielerreichung) des Mitarbeiters eingetragen, der ebenfalls zwischen 60 % und 140 % betragen kann. Dieser Wert wird schlichtweg im ersten Arbeitsblatt der Excel-Datei für jeden Mitarbeiter hinterlegt – genauso wie die Kompetenzbewertungen.[6] Der Hintergrund der Personalportfolios ist grafisch in vier annähernd quadratische Flächen eingeteilt. Jeder Punkt im Diagramm steht

---

5   An dieser Stelle wird ersichtlich, weshalb die Kompetenzbedeutungen in die Zahlen 0 bis 5 umgesetzt werden: Irrelevante Kompetenzen, die vielleicht entgegen der Anweisungen im Beurteilungsformular dennoch bewertet und in die Excel-Datei übernommen wurden, werden automatisch aus dem Potenzial des Mitarbeiters herausgerechnet.

6   Da es sich hier um eine Zahl für den Verkaufserfolg der Mitarbeiter handelt, wird er nur für Vertriebsmitarbeiter erfasst und ausgewertet.

für einen Mitarbeiter und verdeutlicht das Verhältnis seiner durchschnittlichen Kompetenzbewertung, die hier als „Potenzial" bezeichnet wird, und seiner Vertriebsleistung (siehe Abbildung 2.5).

Personalportfolio

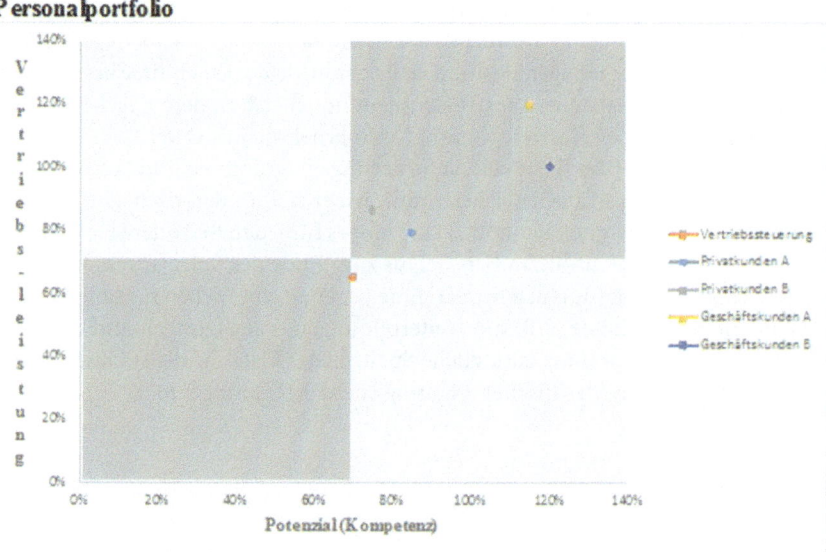

Abb. 2.5 Personalportfolio (Unternehmen B, Datei 1) ©

Der Personalportfolios sollen als einfaches Instrument eine datengestützte Karriereplanung und Beurteilung der Förderungswürdigkeit einzelner Mitarbeiter ermöglichen (vgl. Unternehmen B, Workshop 4). Ihr Ziel ist, mit der Gegenüberstellung von Potenzial und Leistung der Angestellten einen Überblick über außergewöhnlich gute Mitarbeiter, Problemfälle und Förderkandidaten zu schaffen. Um das einzelne Mitglied einzuschätzen, wird seine Lage im Punktdiagramm interpretiert. Wer ein hohes Potenzial hat und viel leistet, befindet sich rechts oben im Portfolio und zählt zu den sogenannten „Outperformern", die als Aufstiegskandidaten gehandelt werden. Ein Mitarbeiter, der viel Potenzial hat, aber wenig leistet, bedarf noch der Förderung, um seine Kompetenzen im Vertrieb umzusetzen; er steht unten rechts im Portfolio und hat Potenzial zur Leistungssteigerung. Derjenige, dessen Kompetenzen schlecht beurteilt werden und der weit unter 100 % Leistung liegt, ist links unten im Diagramm und gilt als Problemkandidat. Wenn sich in so einem

Fall nicht sichtbare Verbesserungen einstellen, wird dem Unternehmen nahegelegt, eine Trennung von diesem Mitarbeiter zu forcieren. Wer wenig Potenzial hat, aber trotzdem sehr viel leistet, passt eigentlich nicht in die Logik des Personalportfolios. Die zugrundeliegenden Prämissen unterstellen, dass Kompetenz, die hier sichtbar werden müsste, ausschlaggebend für Verkaufserfolge ist. Er steht links oben in der Karte und sein schlecht beurteiltes Potenzial scheint ihn dennoch zu guten Leistungen zu befähigen. Es spreche in diesem Fall jedoch nichts dagegen, den Mitarbeiter auf seiner jetzigen Position zu belassen, da die Ergebnisse befriedigen.

Als letztes Personalsteuerungs-Instrument findet sich in dem Excel-Paket des Unternehmens B eine „Karriereplanung" (Unternehmen B, Datei 1). Die Idee ist denkbar einfach: Auf der Basis von Anforderungsdiagrammen und Personalportfolios wird für jeden Mitarbeiter bestimmt, wo er sich in den nächsten 12 bis 18 Monaten im Unternehmen befindet. Dazu gibt es für jeden Betroffenen eine Zeile, die als grafischer Zeitstrahl, im Beispiel bis zum Ende des Folgejahres, ausgefüllt wird. Jede Spalte steht für einen Monat. Eine Legende gibt Farben für unterschiedliche mögliche Ereignisse, z. B. für Weiterbildungen, Versetzungen und die reguläre Beschäftigung vor. Eine zusätzliche Spalte bietet Platz für die stichwortartige Kommentierung dieser grafischen Planung (siehe Abbildung 2.6).

Karriereplanung

Status	Nov	Dez	Jan	Feb	Mrz	Apr	Mai	Jun
B								
B								
PE von Mrz bis Apr								
ÜR von Dez bis Jun								<
EA ab Mrz					>			
ÜR bis Mai								<
EZ bis Mai, dann PE								

Legende		
B	Reguläre Beschäftigung	EA Einarbeitung
PE	Personalentwicklungsmaßnahme	EZ Elternzeit
ÜR	Übergang in den Ruhestand	
> Einstellung		< Ruhestand

Abb. 2.6 Auszug aus der Karriereplanung (Unternehmen B, Datei 1) ©

Die Aufgabe der Personalmanager bestehe nun darin, auf Basis der Auswertungen in den vorhergehenden Karten einen Überblick über die geplanten Personalbewegungen im Unternehmen zu entwickeln. Dazu tragen sie für jeden Mitarbeiter ein, wo er im Planungszeitraum eingesetzt wird bzw. welche Maßnahmen für ihn geplant sind, indem sie seine Zeile mit entsprechenden Farben versehen (vgl. Unternehmen B, Workshop 4). Sie erhalten eine schematische Darstellung der Personalbewegungen im gesamten Unternehmen, die ihnen Planungssicherheit gebe, indem sie Einstellungen, Austritte, Versetzungen und Auszeiten überschaubar mache. Mit dieser Personalbewegungsplanung und mit Hilfe der vorherigen Auswertungen sollen erforderliche Eingriffe und Nachsteuerungen im Personalbestand der Organisation absehbar werden. Die Personalportfolios könnten es beispielsweise nahelegen, Outperformer, für die das bislang nicht vorgesehen ist, für eine Beförderung einzuplanen; ein Anforderungsdiagramm mag Anlass geben, bestimmte Kompetenzentwicklungsmaßnahmen vorzusehen. Die Personaler würden auf diesem Wege angeleitet, vorausschauend und im Sinne der Unternehmensziele Personalbewegungen zu planen und zu lenken.

In der Alltagspraxis der betroffenen Unternehmen scheinen sich solche Steuerungsinstrumente im Personalmanagement zu bewähren. Zumindest finden sich in der praxisnahen Literatur diverse Berichte, die den Nutzen entsprechender Bemühungen bestätigen. „Die gemeinsame Identität wurde erhöht, eine gemeinsame Sprache über den Themenbereich Kompetenzen ist entstanden, unsere Teamarbeit – als erfolgsentscheidender Faktor – hat sich verbessert. So haben z. B. intensive und sehr konstruktive Diskussionen über die Bedeutung von Humor, Optimismus oder Ausführungsbereitschaft für unsere Arbeit stattgefunden" (Kaltenbrunner und Korn 2007, S. 295), schwärmt die Leiterin eines Pflegeunternehmens. Von der erfolgreichen Optimierung des Kompetenzportfolios der Führungskräfte im Rahmen eines Führungskräfte-Entwicklungsprogramms berichtet auch der Direktor des Personalmanagements einer Volksbank (vgl. Rausch 2009, S. 42ff.). Das Führungskräfte-Entwicklungsprogramm habe seinen Schwerpunkt in der Kompetenzerweiterung, und so seien auf der Basis von Persönlichkeitsanalysen, Kompetenz- und Entwicklungsgesprächen individuelle Kompetenzentwicklungspläne aufgestellt worden. Der Bankvorstand sei sich sicher, dass solche Mittel „einen signifikanten Beitrag zur Erreichung der strategischen Ziele des Kreditinstituts" (Rausch 2009, S. 44) leisten.

Steuerungsinstrumente im Personalmanagement auf der Basis von Kompetenzerhebungen scheinen demnach als Werkzeuge eines ertragsorientierten Human Capital Management bei Unternehmen beliebt zu sein und sich in der Praxis erfolgreich zu behaupten. Man gelangt zu dem Eindruck, sie dienten den Unternehmen in der Tat als „Stellhebel" zur planmäßigen Steuerung der Ressource

Personal. Denn über die Festlegung und Gewichtung von geschäftstreibenden Kernkompetenzen und mittels daran anschließenden, auf Personalentwicklung und -auswahl zielenden Auswertungen kommt man zu einer vorausschauenden Planung der unternehmensweiten Personalbewegungen. Das Personalmanagement erscheint durch die Instrumente befähigt, jene strategische Rolle im Unternehmen zu spielen, die heutige Marktbedingungen von ihm verlangen. Der Personaler plant und steuert die Ressource Personal und nimmt zu diesem Zweck Anpassungen in den absehbaren Personalbewegungen vor. Die Steuerungsinstrumente dienen ihm dabei als Werkzeuge. Organisationen stellen sich auf diese Weise auf das „Informationszeitalter" ein und gehen über zum zielgerichteten Management ihres Humankapitals als wichtigster unternehmerischer Ressource.

Über Rationalität im Implementierungs- und Beratungsprozess 3

Die vorangegangene Vorstellung der Steuerungsinstrumente im Personalmanagement, ihrer Begründungen und Ansprüche verdeutlicht die in der Unternehmens- und Beratungspraxis vorgefundene Sichtweise. Die Reformanlässe, -bemühungen und -werkzeuge wurden so dargestellt, wie die beobachteten Feldangehörigen, die Unternehmensvertreter, die Berater und praxisnahe Autoren sie diskutieren. So wird zunächst deutlich, wie das Feld selbst die betrachteten Optimierungsversuche mit Steuerungsinstrumenten beschreibt. Die Tätigkeiten der Organisationsmitglieder seien angesichts der veränderten Rahmenbedingungen in Wirtschaft und Gesellschaft immer weniger plan- und absehbar. Deshalb bräuchten sie neue Eigenschaften und Handlungsmöglichkeiten, um unsichere Arbeitssituationen erfolgreich zu bewältigen. Die strategische Neuorientierung des Personalmanagements und seine Ausstattung mit Steuerungsinstrumenten erscheinen als geeignete Mittel, diesen Anforderungen an die Mitarbeiter von der Seite des Unternehmens zu begegnen. Personalplanend und -steuernd versehen die Personalmanager ihre Organisation mit den für die Herausforderungen der Zukunft erforderlichen Kompetenzen. Die Einrichtung von Planungs- und Steuerungsinstrumenten folgt somit einem simplen Problem-Lösungs-Schema: Ein vermeintlich tiefgreifender gesellschaftlicher Wandel führt zu neuen Anforderungen an die Mitarbeiter. Diese Anforderungen werden zum Problem für die Organisation. Die Neuausrichtung des Personalmanagements sowie seine Ausstattung mit Instrumenten werden als adäquate Lösung, als passende Antwort der Organisation gesehen.

Die dargestellte Argumentation bewegt sich somit im Rahmen des klassischen „Zweckmodells der Organisation" (Luhmann 1975b, S. 93). Organisation wird verstanden als eine zweckrationale Ordnung, die heterogene Teile zu einem Ganzen verknüpft. Das Prinzip dieser Ordnung ist das Zweck-Mittel-Modell. Jedes Teil hat ein Mittel zum Zweck zu sein, sonst ist es ein Fehler, eine Störung und muss entweder behoben oder entfernt werden. Strategische Personalsteuerung mithilfe von Planungsinstrumenten weist sich in diesem Modell als Mittel zum Zweck des

Unternehmenserfolgs im „Informationszeitalter" aus. Genauer gesagt werden Zweck und Mittel noch einmal in Unterzweck und Untermittel dekomponiert. Human Capital Management erscheint in der dargelegten Argumentation als zeitgemäßes Mittel zum Zweck der Gesamtorganisation. Bei einem Industrieunternehmen ist das etwa die ertragreiche Herstellung der jeweiligen Produkte. Die einzurichtenden Personalsteuerungs-Instrumente dienen wiederum als adäquate Mittel zur Umsetzung des Human Capital Management. Letzteres fungiert insofern als Unterzweck. Human Capital Management und die anhängigen Instrumente werden in dieser zweckrationalen Anordnung als Mittel zum Zweck verstanden und legitimiert. Der Organisationszweck erfordert angesichts des „Informationszeitalters" neue, zeitgemäße Mittel. Die bisherige Personalverwaltung reicht nicht aus; wertetreibendes, kompetenzorientiertes Human Capital Management ist erforderlich. Mit den Steuerungsinstrumenten umgesetzt handelt es sich um das gesuchte Mittel, das Zweckerreichung im „Informationszeitalter" verspricht.

In der sozialwissenschaftlichen Organisationstheorie wird das Zweckmodell der Organisation jedoch aus unterschiedlichen Perspektiven infrage gestellt und kritisiert. Über die Unterscheidung von operationalisierbaren und nicht operationalisierbaren Zwecken gelangt man mit Philip Selznick (1948) zu der Einsicht, dass nicht alle Zwecke instruktiv sind. Zwecke sind nicht selten zu unbestimmt, als dass man aus ihnen eindeutige Handlungsanweisungen, also richtige Mittel, ableiten könnte. Oft sind sie vage, mehrdeutige Vorstellungen, mit denen man seine Entscheidungen eher gegen Zweifel abschirmt, als sie aus vorgegebenen Zwecken abzuleiten (vgl. Luhmann 1975b, S. 94). Auch bereits erfolgte Entscheidungen lassen sich mit allgemeinen Zweckformulierungen nachträglich rechtfertigen (vgl. Staw 1980). March und Simon (1958, S. 124ff.) stellen fest, dass übergeordnete Zwecke zur Integration widersprüchlicher Unterziele herhalten können. Abteilungen, Gruppen oder einzelne Mitglieder verfolgen verschiedene und untereinander konfliktträchtige Unterziele (vgl. Crozier und Friedberg 1979, S. 25ff.), die aber allesamt zum allgemein gehaltenen Organisationszweck passen. Weil der Zweck nicht eindeutig genug ist, lässt er widersprüchliche Handlungsorientierungen zu und bietet keine hinreichenden Direktiven, auf deren Basis man die Zielkonflikte entscheiden könnte. Zudem können Organisationen ihre Zwecke abwandeln, uminterpretieren und sogar vollständig ändern, ohne dabei ihre Identität zu verlieren (vgl. Luhmann 1975b, S. 95). Zwecke sind somit variabel, sind Ergebnisse von Aushandlungsprozessen. Verschiebungen von Zwecken und Mitteln können als Normalfall angesehen werden. Für viele Organisationen ist weiterhin die Zustimmung der Mitglieder zum Organisationszweck verzichtbar. Sie werden nicht durch den Zweck, sondern durch zweckunabhängige, generalisierte Motive (Geldzahlungen) zur Mitgliedschaft bewegt (vgl. Luhmann 1976, S. 100ff.). Daher genügt im Zweifelsfall auch die Vorschrift einiger Mittel, um ihre Beiträge abzusichern. Zuletzt hängt der Erhalt einer Organisation nicht allein von der Zweckerfüllung ab. Durch Soziologen wurden an verschiedenen Beispielen latente Funktionen (vgl. Merton 1967) und Handlungsmuster ausgemacht, die nicht der Zweckrealisierung, wohl aber dem Bestandserhalt der Organisation dienen.

Aufgrund der genannten Einwände hält sich die soziologische Erforschung von Organisationen heute nicht mehr an das Zweckmodell der Organisation. Zweck-Mittel-Schemata können stattdessen als „intendierte Rationalität des Handelns" (Luhmann 1975b, S. 95), als Selbstbeschreibungen der Organisationen und ihrer Mitglieder eingeordnet werden. Zweck-Mittel-Formulierungen sind Explikationen der Handlungspläne, die im Feld auftauchen und dort Berechtigung haben. Die soziologische Analyse hingegen verlegt sich darauf, Zwecke und Mittel organisierten Handelns als veränderlich anzusehen. Mittel zur Erreichung eines vorab festgelegten Zweckes als solche zu identifizieren reicht demnach zur Erklärung organisierten Handelns nicht aus. Es interessieren die hinter diesen Selbstbeschreibungen stehenden funktionalen Organisationsstrukturen.

Für die Analyse der Steuerungsinstrumente im Personalmanagement bedeutet das, dass die dargestellten Probleme und Ziele der Unternehmen und ihrer Berater nicht als hinreichende Erklärung für das Aufkommen dieser Werkzeuge akzeptiert werden können. Die beobachteten Organisationen, ihre Mitglieder und Berater mögen das Informationszeitalter, Wissensindustrien und neue Unsicherheiten am Arbeitsplatz als Beweggründe für ihre Ausstattung mit automatisierten Visualisierungen und Berechnungen anführen. Sie bleiben damit im Zweck-Mittel- oder Problem-Lösungs-Modell. Innerhalb der Organisation und in Beratungsworkshops wird zurecht an solchen Schemata festgehalten. Eine Organisationssoziologie der Steuerungsinstrumente ist in diesem Rahmen jedoch nicht zu gewinnen. Aufschluss über die Bedeutung und Funktion, die solche Werkzeuge im sozialen Zusammenhang der Organisation erlangen bzw. gerade nicht erlangen, verspricht hingegen eine Distanzierung von ihren Prämissen. Ein von Zweck-Mittel-Relationen abstrahierender Beobachtungs- und Darstellungsrahmen bietet bessere Chancen, weitere, andere und vielleicht auch interessantere, überzeugendere Rekonstruktionen zu gewinnen.

Als solchen Rahmen schlägt Niklas Luhmann (1991, S. 175f.) die Unterscheidung zwischen System und Umwelt vor. Die Grenze zwischen einem System und seiner Umwelt ist demnach durch ein Komplexitätsgefälle gekennzeichnet. Der Ausgangspunkt der soziologischen Organisationsanalyse ist der Bestandserhalt eines Organisationssystems in einer stets komplexeren und veränderlichen Umwelt. Da die Umwelt komplexer ist als die Organisation, muss letztere ihren Grenzerhalt durch Selektionsleistungen, durch Komplexitätsreduktion, vollziehen. Die Komplexitätskompensation aber findet innerhalb der Organisationsgrenzen statt.

Der Umweltbezug des Systems wird systemintern reguliert. Würde die Organisation das Problem der Komplexitätsreduktion direkt im Zweck-Mittel-Schema behandeln, wäre der Bestandserhalt gerade nicht gesichert. Umweltkomplexität erschiene als Problem der Zweckerreichung und hätte damit keine anschlussfähige Gestalt. Komplexität zu reduzieren wäre kein instruktiver Zweck. Stattdessen transformiert die Organisation Umweltkomplexität in eine interne und intern bearbeitbare Form, die zugleich Möglichkeiten offenhält, Umweltänderungen zu berücksichtigen. Zwecke dienen in diesem Zusammenhang dazu, unterschiedliche Strategien der organisationsinternen Komplexitätsbewältigung kombinierbar zu machen (vgl. Luhmann 1991, S. 181ff.). Sie geben dem grundlegenden, aber an sich nicht instruktiven Ausgangsproblem des Grenzerhalts eine organisationsintern anschlussfähige Form. Die Bestandsproblematik wird sozusagen unter dem Deckmantel der Zweckorientierung intern behandelbar.

Vor dem Hintergrund dieser Bemerkungen zur Komplexitätsproblematik der Organisation ist es nun interessant, die implementierten Instrumente zur Personalsteuerung einer erneuten Interpretation zu unterziehen. Sie konzentriert sich zunächst auf den Einsatz von Zahlen für Kompetenzen und Leistungen, auf den Effekt der Quantifizierungen, die während der Instrumentenvorbereitung und -nutzung zu beobachten sind. Die Anforderungsdiagramme und Personalportfolios setzen voraus, dass zunächst qualitative Aussagen über Kompetenzbedeutungen und -ausprägungen bzw. über Arbeitserfolge in Zahlenform umgesetzt und hinterlegt werden. Die wesentliche Aufgabe der Teilnehmer an den Kompetenzworkshops (vgl. Unternehmen B, Workshop 2; Workshop 3) besteht darin, den Kompetenzen eine Wichtigkeit auf einer Sechserskala zuzuweisen. Der Job der Berater ist es, sie dabei anzuleiten bzw. bei Laune zu halten. Das Ergebnis zeigt sich nicht in Aussagen wie „Akquisitionsstärke hat eine ziemlich hohe Bedeutung", sondern in Quantifizierungen wie „Die Bedeutung von Akquisitionsstärke ist gleich 5". Ebenso gibt der Vorgesetzte im Beurteilungsgespräch kein Urteil wie etwa „Herr Meyer ist relativ akquisitionsstark" ab, sondern muss ankreuzen, ob damit 100 % oder 120 % gemeint sind. Nur so können Durchschnittswerte für Kompetenzen oder Mitarbeiter in prinzipiell beliebiger Tiefenschärfe errechnet und in den Diagrammen abgebildet werden. Die Einordnung eines Mitgliedes in unterschiedlichen und unterschiedlich wichtigen Kompetenzen wird damit auf einen Blick vergleichbar. Seine Kompetenzen werden durch die zahlenförmige Erfassung zu Punkten im Anforderungsdiagramm. Sie wirken dann sicht- und abwägbar, werden gleichzeitig zu Anlässen und Gegenständen Zweck-Mittel-rationaler Kalkulationen, von Planungs- und Steuerungsbemühungen, zu Entscheidungsthemen.

Der Accounting-Forscher Anthony G. Hopwood (1990, S. 9) hat dieses Phänomen der Realitätserzeugung durch Quantifizierung wiederholt beobachtet und beschrieben. Der Zahleneinsatz „enables an indirect means of visibility to be created where the eye could otherwise not see. [...] records can be kept of phenomena that can never be seen. No one has yet perceived a cost, or a profit for that matter. They are abstract and conceptual phenomena, creations of human intellect, forged and shaped by economic, social und institutional forces. Not directly visible, they nevertheless can be enshrined in the book of record, thereby providing a basis for observation, monitoring and control." Kompetenzen sind an sich natürlich nicht sichtbar. Sie sind auch nicht vergleich- und steuerbar. Doch genau diese Vorstellung wird mit der Zuordnung von Soll- und Ist-Niveaus in Zahlenform und der Abbildung in automatisierten Diagrammen genährt. Kompetenzen werden als Zahlen und Diagrammpunkte sichtbar gemacht, werden zu Planungs- und Entscheidungsgegenständen, werden als Karrierekriterien durchkalkuliert. Diese Transformation wird möglich, indem ihnen Zahlen zugeordnet und darauf fußende Anforderungsdiagramme abgebildet werden: „accounting [...] can influence perceptions, change language and infuse dialogue, thereby permeating the ways in which priorities, concerns and worries, and new possibilities for action are expressed" (Hopwood 1990, S. 9).

Die Punkte in den Diagrammen zeigen darüber hinaus im Verhältnis zu den Punkten anderer Mitglieder sehr differenziert an, welche Personen in den mehr oder weniger wichtigen Kompetenzen höhere oder niedrigere Werte erzielen. Die Mitglieder werden in den Personalportfolios schließlich selbst zu Punkten im Diagramm, die als besser oder schlechter anzusehen sind. Die Quantifizierungen und Visualisierungen „capture the individual within a form of visibility, a gaze, which attempts to render the individuals' actions and thoughts knowable" (Townley 1996, S. 577f.). So machen die Personalportfolios deutlich, wessen Vertriebserfolge der Kompetenz entsprechen – und um wen es schlechter bestellt ist. Über mehrere Beurteilungszyklen hinweg zeigt die Verschiebung der Punkte auf den Karten, wer sich steigert oder verschlechtert. Die Angestellten werden somit als Diagrammpunkte vergleich- und kalkulierbar: „Through the simple process of writing, listing, numbering and computing, the individual becomes a known, calculable individual. [...] The use of standardised documentation in the examination allows for comparisons to be made between individuals and with this the determination of averages and the fixing of norms" (Townley 1996, S. 572f.).

Die den Diagrammen zugrundeliegenden Daten werden von den beteiligten Managern jedoch abwägend und mit teils offensichtlicher Unsicherheit und Beliebigkeit festgelegt. Das zeigt sich in den Kompetenzworkshops an ihrer Bereitschaft, die Zahlen auf Anmerkungen der Kollegen oder Berater hin anders zu bestimmen. Wenn gerade einmal zu viele Kompetenzen mit 3 bewertet scheinen, setzt man eben ein paar Werte auf 2 und 4 (vgl. Unternehmen B, Workshop 3). Sind zu viele Kompetenzen von hoher Bedeutung, stuft man ein paar herunter und dafür wieder andere als irrelevant ein (vgl. Unternehmen B, Workshop 2). Dennoch wirken die Anforderungsdiagramme und Personalportfolios augenscheinlich objektiv, neutral und unabhängig. Die Unsicherheiten bei der Datenfestlegung sind den Auswertungen nicht anzusehen. Auf diese Weise lassen die Diagramme auf Basis der zugrunde gelegten Zahlen die hinter diesen Zahlen liegenden Aushandlungen und Beliebigkeiten zurücktreten. Sie kondensieren und erzeugen eine vermeintlich belastbare – weil zahlenförmige und visuell eindeutige – Repräsentation der weniger eindeutigen und belastbaren Entscheidungen. „Accounting records provide a way of freezing the decisions of the past [...] What was problematic and debated can become lost within the accounting archive. ‚Facts' can thereby be created out of dissent and disagreement. An aura of the obvious and unchallengeable can and does emerge out of the residues of past actions which accounting presents", beschreibt Anthony Hopwood (1984, S. 168) diesen Reduktions- und Kreationsprozess. Die Beurteilung des Personals erscheint dank der Anforderungsdiagramme und Personalportfolios eindeutig und unzweifelhaft. Ihr haftet nichts von der problematischen Festlegung der Ausgangsdaten an, sie lässt kaum Interpretationsspielraum offen.

Auf die dem Implementierungsprozess zugrunde liegende Zweck-Mittel-Rationalität zurückkommend kann nun daran erinnert werden, dass die Instrumente als Mittel zum Zweck, als Lösung für ein Problem aufgezogen werden. Nach Hopwood (1984, S. 175) ist die Mobilisierung von quantifizierenden Kalkulationen im Entwicklungs- und Umsetzungsprozess strategischer Organisationsziele und im Namen bestimmter Zwecke typisch. Auch im hier betrachteten Fall ist diese Tendenz nachvollziehbar. Human Capital Management für den Unternehmenserfolg und Steuerungsinstrumente für Human Capital Management, so lautet die der Selbstbeschreibung der Beteiligten zu entnehmende Dekomposition von Zwecken und Mitteln. Doch im Endeffekt, so Hopwood (1984, S. 175f.), ist es kaum noch möglich, Arbeitserfolge und andere Konsequenzen kausal auf die Steuerungsinstrumente zuzurechnen: „although the ideas appeal to the comparison of inputs and outputs [...] the delineation of those inputs, outputs, resources and consequences remains both a practically and conceptually difficult endeavour, not at least in organisations which are complex [...] and where outputs and consequences repeatedly arise in organisations different from those initiating the developments." Die Konstellation im hier diskutierten Sample scheint dieser Problemfassung zu entsprechen: Dezentral vom Personalmanagement gesteuert soll die Entwicklung von Kompetenzen die Verkaufsleistung vorantreiben. Die Anforderungsdiagramme sollen Aufschluss geben über zu veranlassende Personalentwicklungsmaßnahmen, die sich wiederum in erfolgreichen, d. h. zum Produktionserfolg führenden Arbeitsleistungen niederschlagen. Die Personalportfolios sollen deutlich machen, wer unter seinen Möglichkeiten bleibt und wer in eine höhere Führungsebene aufsteigen müsste.

Solche Kausalzurechnungen sind aber problematisch, zumal die Werkzeuge im Personalmanagement untergebracht werden, der Betroffene aber in einer anderen Abteilung und an einem anderen Ort tätig ist. Es ist schwer auszumachen, warum es bei ihm gut läuft oder schlecht. Gibt es Probleme vor Ort, oder zu Hause? Welche Rolle spielt der direkte Vorgesetzte und wie beeinflussen die Kollegen – oder externe Lieferanten – den Produktionsprozess? Sollte der Unternehmenserfolg wirklich von der Personalsteuerung per Anforderungsdiagramm und Personalportfolio und daran anhängigen Maßnahmen abhängen? Die zugrunde gelegte Problem-Lösungs-Kette ist wenigstens umsichtig zu bewerten.

An ihrer Stelle und an die Idee des organisationalen Bestandserhalts durch Komplexitätsreduktion anschließend wird im Folgenden angenommen, dass die Implementierung der Steuerungsinstrumente nicht auf einer Auseinandersetzung mit den Bedürfnissen und Problemen einer erfolgreichen Produktions- und Arbeitspraxis der Mitarbeiter beruht. Vielmehr referiert sie auf organisationale Voraussetzungen, d.h. auf die interne Struktur und die gewachsene und ohnehin vorhandene Ausstattung der involvierten Unternehmen und Akteure mit anschlussfähigen Vorarbeiten. Die Instrumente des Human Capital Managements werden stets rückblickend als rationales Mittel zur Behebung bestimmter administrativer Probleme ausgelegt und damit in größere Zielzusammenhänge gestellt. Während der Erstellungs- und Umsetzungsprozess der Steuerungsinstrumente bereits in Gang gekommen ist, werden rückwirkend dazu passende und mehrmals wechselnde Erklärungen und Ziele hervorgehoben. Aktivitäten der Unternehmensvertreter und der Berater laufen ohne vorher fixiertes und dann durchgehend verfolgtes Ziel, sozusagen „blind", an. Sie werden erst im Nachhinein mit wechselnden und legitimierenden Zwecken versehen. Die Steuerungsinstrumente sind relativ konstante Artefakte, die fortlaufend Anlässe und Orientierungspunkte für Optimierungsbemühungen im Beratungsprojekt bieten. Sie stehen von Seiten der Berater als generalisiertes Mittel der Problemlösung zu weitgehend beliebiger Verfügung. Existieren im Unternehmen aber ad hoc keine passenden Probleme, die man mit den Steuerungsinstrumenten lösen könnte, werden neue, auf die Steuerungsinstrumente passende Probleme erst gesucht oder erfunden.

Ziele und Zwecke sind in dieser Sichtweise also keine handlungsleitenden Motive, die der Wahl adäquater Mittel vorausgehen und über sie bestimmen. So wird es zwar in den Workshops und in der praxisnahen Literatur dargestellt. Im Feld geht man davon aus, dass Steuerungsinstrumente geeignet seien, die sich aus dem „Informationszeitalter" ergebenden Probleme des Unternehmens durch Human Capital Management zu lösen. Solche generellen Formulierungen werden durch die Berater ins Feld geführt und von den Unternehmensvertretern rezipiert, doch sie sind für konkrete Schritte nicht instruktiv. Sie dienen eher als globale, die

Optimierungsbemühungen im Personalmanagement insgesamt legitimierende Problemstellungen. In den operativen Workshops, in denen es um den Aufbau und die Umsetzung der Instrumente geht, werden hingegen stets handlungsnähere und oft ganz unabhängige Unterzwecke hinzugezogen, die die Bedeutung der Instrumente im Unternehmen und in den Abteilungen und Teams vor Ort regeln. Diese herunter gebrochenen Ziele legen fest, was die Instrumente für die Führungskräfte und Mitarbeiter bedeuten. Nichtsdestotrotz werden sie mehrmals ausgetauscht. Während die Implementierung der Instrumente bereits fortgeschritten ist, kommt es zu fortlaufenden Uminterpretationen und teilweise widersprüchlichen Neubeschreibungen der Werkzeuge. Es wird laufend neu bestimmt, was die Steuerungsinstrumente für wen bedeuten, wen sie betreffen und was damit für die Organisation erreicht werden soll. Auf dieser konkreteren Ebene der Zielformulierungen gehen die Zwecke den Handlungen also nicht voraus. Sie fungieren vielmehr als wechselnde und nachträgliche Interpretationen der unabhängig von ihnen etablierten Steuerungsinstrumente.

Die Steuerungsinstrumente gehören zunächst zum festen Repertoire der mit Human Capital Management befassten Berater. Es gibt eine Art Materialpool, der im beobachteten Beraternetzwerk für nahezu alle Anfragen und Aufträge passende Präsentations- und Arbeitsmaterialien bereithält. Er besteht unter anderem aus einem größeren Fundus an Präsentationsfolien, Fragebögen, Diagrammvorlagen und eben den Personalsteuerungs-Werkzeugen. Sie werden in verschiedenen Projekten an die konkreten Kundenbedürfnisse angepasst, indem etwa das kundenspezifische Aufbauorganigramm eingearbeitet und die Mitarbeiterzahlen berücksichtigt werden. Die Grundstruktur der Steuerungsinstrumente mit Kompetenzprofilen, Anforderungsdiagrammen, Personalportfolios und Personalbewegungsplänen bleibt hingegen stets gleich. Die Instrumente gelten im Beraternetzwerk als bewährtes, strategisch wirksames Handwerkszeug und wandern mit unterschiedlichen Beratern von Projekt zu Projekt.

Im Unternehmen A werden die Steuerungsinstrumente zunächst im Rahmen einer Diskussion über „Personalziele" auf den Plan gerufen. Die anwesenden Manager vertreten die Erwartung, die Personalabteilung des Unternehmens müsse eine Personalstrategie erarbeiten, die strategische Zielformulierungen enthalte (vgl. Unternehmen A, Workshop 2). Diese müssten systematisch aus den Zielsetzungen des Gesamtunternehmens abgeleitet werden. Es geht in der hier gewählten Terminologie um die Aufstellung zu den übergeordneten Organisationszwecken passender Unterzwecke durch das Personalmanagement. In diesem Themenzusammenhang plädieren zwei anwesende Bereichsleiter für die Einrichtung der im vorherigen Workshop (vgl. Unternehmen A, Workshop 1) bereits angesprochenen Kompetenzprofile und entsprechender Auswertungen. Die Kompetenzentwicklung ist für den

Leiter einer Produktionsabteilung das Personalziel schlechthin. Die Steuerungsinstrumente böten daher den geeigneten Ansatzpunkt, um Personalziele mit der
Geschäftsstrategie zu verzahnen. Der Leiter der Revision fällt in diese Interpretation
der Steuerungsinstrumente ein, indem er für die Festlegung von Kompetenzkal-
kulationen plädiert. Über Kompetenzanforderungen und -profile binde man die
Personalziele an die Unternehmensziele. Der Workshop-Leiter bekräftigt daraufhin,
dass man mit zusätzlichen Personal- und Maßnahmenportfolios „bis hin zum
kompletten Planungszyklus" Unternehmensziele zu Personalzielen abstufen könne.
Die Einrichtung der Kompetenzportfolios wird in dieser Situation gleichbedeutend
mit der Aufstellung von adäquaten Teilzielen des Personalmanagements gesehen.
Die Beteiligten gehen davon aus, dass die Festlegung von Kompetenzprofilen, die
den Unternehmenszielen entsprechen, zugleich die für nötig gehaltene Ableitung
von Personalzielen bewerkstelligt.

Im gleichen Workshop geht es etwas später um die im Unternehmen A ange-
botenen Personalentwicklungsmaßnahmen. Das Weiterbildungsangebot wird von
den Unternehmensvertretern als zu sehr an den Wünschen der Mitarbeiter und als
zu wenig an unternehmerischen Bedürfnissen orientiert gehalten. Es sei „oft nur
auf Personen-, nicht aber auf Unternehmensinteressen gemünzt" (Unternehmen A,
Workshop 2), konstatiert ein Bereichsleiter. Der Workshop-Leiter verweist daraufhin
auf die Festlegung und Steuerung von Kernkompetenzen. Mit dem Anforderungskatalog werde sehr deutlich, welche Maßnahmen aus Unternehmenssicht angebracht
seien. Der betroffene Personalleiter meldet anschließend seinen Bedarf für solche
Instrumente an, die es ihm ermöglichen würden, die Personalentwicklung im Sinne
der Unternehmensinteressen strategisch zu planen. Der Chef der Produktionsabteilung stimmt ihm zu, um nicht „wie bisher wild was anzubieten" und auf einheitliche
Steuerung umzustellen, seien die Werkzeuge erforderlich. Ein Berater schließt mit
der Feststellung, um die bisherige Heterogenität der Angebotsplanung durch eine
systematische Vorgehensweise zu ersetzen, bestehe Bedarf für ein einheitliches
Steuerungssystem für die Maßnahmenplanung. In dieser zweiten Sequenz werden
die Instrumente für geeignet erklärt, das Weiterbildungsangebot des Unternehmens A zu optimieren. Sie sollen die Maßnahmenplanung transparenter machen
und vereinheitlichen. Zugleich sollen sie das Angebot von der vorherrschenden
Mitarbeiterorientierung weg- und auf eine Unternehmensorientierung hinlenken.
Während die Kompetenzprofile zuvor noch als Operationalisierung der Personalziele
gesehen wurden, sind sie nun in Verbindung mit den Anforderungsdiagrammen
die erste Wahl, um die Personalentwicklung des Unternehmens A strategisch und
einheitlich zu organisieren.

Im Unternehmen B dagegen erhofft man sich von den Steuerungsinstrumenten
zunächst einen Zuwachs an Transparenz, Objektivität und Gerechtigkeit bei der

Mitarbeiterbeurteilung durch die Vorgesetzten. Ziel der Kompetenzworkshops seien Anforderungsdiagramme und Personalportfolios, die als Personalentwicklungs- und Führungsinstrument eingesetzt würden. Ein Vorstandsmitglied bittet jedoch zu Beginn des anlaufenden Beratungsprozesses darum, auch das Thema Personalbeurteilung einzubeziehen. Sie solle normiert und standardisiert werden, um zielführende und gerechte Ergebnisse zu ermöglichen. Ziel sei es, Mitarbeiter richtig, das heiße leistungsgerecht zu bewerten und einzusetzen. Die Gesprächs- und Arbeitsgrundlage sei dabei das vorliegende Formular für die Mitarbeiterbeurteilung. Dieses sei zu überarbeiten, um die Urteile der Vorgesetzten objektiver zu gestalten und passende Entwicklungsmaßnahmen daraus ableiten zu können (vgl. Unternehmen B, Workshop 1). Die Festlegung von Kompetenzanforderungen sei gut dazu geeignet, Uneinheitlichkeit, Subjektivität und „Aufwärtsbewertungen"[7] bei der Mitarbeiterbeurteilung auszuräumen, bestätigt daraufhin der Projektleiter des Beraternetzwerks. Deshalb würde das Beurteilungsformular, mit dem die Führungskräfte ihre Untergebenen bewerten, nun mit Kompetenzen versehen. Zu gewinnen, ergänzt ein anderer Manager, seien neutrale Bewertungskriterien, die die bisherigen subjektiven Beurteilungen der Führungskräfte ersetzten.

Besondere Brisanz erhält diese plötzlich im Raum stehende Reform der Beurteilungsbögen im Unternehmen B, weil vom Mittelwert der enthaltenen Bewertungen auch die sogenannte „On Top-Vergütung", d. h. der variable Lohnanteil der Mitarbeiter, abhängt. Gute Bewertungen der Führungskraft führen zu höheren Bonuszahlungen, schlechte Bewertungen wirken vergütungsmindernd. Für die Projektbeteiligten wird aus diesem Umstand zunächst eine besondere Dringlichkeit der Reform des Beurteilungssystems geschlossen. Weil die On Top-Vergütung von der Mitarbeiterbeurteilung abhänge, müsse es dabei gerecht und objektiv zugehen. Mit den Kompetenzprofilen solle dies nun rasch erreicht werden.

Das bisher eingesetzte Beurteilungsformular verlangt von der Führungskraft fünf Bewertungen zwischen 60 % und 140 % (vgl. Unternehmen B, Dokument 6, S. 3f.).Vergütungswirksam ist der arithmetische Mittelwert dieser fünf Bewertungen. Mitarbeiter, die durchschnittlich 100 % erreichen, bekommen eine vorab vereinbarte zusätzliche Geldzahlung als Bonus. Wer darüber oder darunter liegt, erhält entsprechend mehr oder weniger. Wie bereits geschildert, werden

---

7   Mit „Aufwärtsbewertungen" wird im Unternehmen B das oft beobachtete und als Problem an die Berater herangetragene Phänomen bezeichnet, dass Führungskräfte ihre Mitarbeiter mit der Zeit besser bewerten. Je länger jemand in einer Abteilung weile, desto besser würden seine Beurteilungen; eine lange Abteilungszugehörigkeit sei eine verlässliche Vorhersage für sehr gute Einschätzungen der Führungskraft, berichtet man den Beratern. Vom Beratungsprojekt erhofft sich die Organisationsspitze nun eine Annäherung der Beurteilung an das tatsächliche Verhalten der Mitarbeiter.

die bisherigen fünf Bewertungen im Beurteilungsformular nun durch die 27 Kernkompetenzen ersetzt. Für sie ist von der Führungskraft jeweils ein separates Urteil zwischen 60 % und 140 % abzugeben (vgl. Unternehmen B, Dokument 9, S. 3f.). In den Kompetenzworkshops werden vom Projektteam vorab Bedeutungen für die 27 Kernkompetenzen festgelegt und mit Zahlen zwischen 0 (irrelevant) und 5 (hohe Bedeutung) quantifiziert. Sie dienen als Gewichtungen, die fortan in die Berechnung des arithmetischen Mittelwertes der Beurteilungen eingehen. Die angestrebte Objektivität und Gerechtigkeit der Mitarbeiterbeurteilung soll also dadurch erreicht werden, dass der variable Vergütungsanteil statt von einem nicht gewichteten Mittelwert aus fünf Bewertungen der Führungskraft nun von einem um die Kompetenzbedeutungen gewichteten Mittelwert aus 27 Kompetenz-bewertungen der Führungskraft bestimmt wird. Im Unterschied zur bisherigen Vorgehensweise würde die vergütungsrelevante Zahl nicht mehr unmittelbar aus den fünf Urteilswerten, sondern unter Berücksichtigung der vom Projektteam festgelegten Kompetenzgewichtungen errechnet. Die Kompetenzbedeutungen aus den Workshops würden dann die Einflussnahme der entsprechenden Urteile der Führungskräfte auf die Bonuszahlungen regulieren. Ein Vorstandsmitglied spricht hoffnungsvoll von neutralen, im Kompetenzworkshop festzulegenden Kriterien, die dafür sorgen sollen, dass die Bewertungen nicht wie bisher von persönlichen Sympathien gegenüber einzelnen Mitarbeiterinnen beeinflusst würden (vgl. Unternehmen B, Workshop 2).

Die Zielsetzung einer gerechteren Beurteilung der Mitarbeiter durch ihre Vorgesetzten geht nun jedoch nicht, wie das Problem-Lösungs- bzw. Zweck-Mittel-Schema unterstellt, der Umgestaltung der Beurteilungsbögen mit den Kompetenzprofilen als Zweck voraus. Auf den ersten Blick wirkt die Vorgehensweise logisch und stringent. Man will die Beurteilungen gerechter gestalten, also überarbeitet man die entsprechenden Protokollbögen und Berechnungsformeln. Tatsächlich läuft die Zuordnung jedoch umgekehrt von vorhandenen Mitteln zu im Nachhinein für wichtig befundenen Zielen. Es wird gerade nicht vorab als Problem einer angemessenen Bonusvergütung festgestellt, dass die Kreuze der Führungskräfte subjektiv ausfallen, von Abteilungszugehörigkeiten und möglichen persönlichen Sympathien geleitet werden. Ebenso wenig wird an diese Vorüberlegungen anschließend die Erstellung von Kompetenzgewichtungen als Lösungsweg und Mittel abgeleitet. Von der Vergütungsproblematik ist noch gar nichts bekannt, als die Kompetenzprofile als Kern der Projektarbeit bereits fest eingeplant werden. Stattdessen werden mehr oder weniger lose in dem Unternehmen, dem Beraternetzwerk und dem gemeinsamen Projekt umherschwirrende Ansätze und Probleme zusammengesucht, um sie im Nachhinein als zweckrationale Problem-Lösungs-Ableitungen darzustellen.

So wurde das Beurteilungsformular in einem vorherigen Projektabschnitt bereits schon einmal von demselben Beraternetzwerk – allerdings von anderen Einzelberatern – gemeinsam mit den Klienten überarbeitet. Das Ausgangsmaterial, das einer erneuten Optimierung mit Kompetenzprofilen unterzogen wird, ist bereits ein Teilergebnis in einem Beratungsprojekt, das ein anderer Berater zum Thema „Führung" bearbeitet hat (vgl. Meeting 1). Im aktuellen Projektabschnitt zu Steuerungsinstrumenten und Human Capital Management kommen andere Einzelberater desselben Netzwerks zum Zuge. Diese Berater aber haben den Kompetenzkatalog, die Anforderungsdiagramme, die Personalportfolios etc. bereits im Gepäck. Für sie gelten die Auswertungen und Visualisierungen als bewährtes Instrumentarium, Personalabteilungen zu „strategischen Geschäftstreibern" weiterzuentwickeln. Zu keinem Zeitpunkt stehen diese Ansätze als adäquate Lösungen für die Reform des Personalmanagements in Frage. Sie werden in unterschiedlichen Projektphasen angepriesen und sind so weit vorentwickelt, dass ein Umdenken und Neuerfinden anderer Instrumente zusätzlichen Arbeitsaufwand bedeuten würde, der durch das Projektvolumen nicht abgedeckt wäre. Der Einsatz dieser Instrumente steht folglich schon mit dem Beratungsauftrag fest. Um die Instrumente jedoch einsetzen zu können, ist eine wie auch immer geartete Erhebung nicht nur von Soll-Profilen, sondern auch von Ist-Niveaus der ausgewählten Kompetenzen erforderlich. Diese Erhebung muss möglichst turnusmäßig, jedenfalls mehrmals stattfinden, damit auf den automatisierten Anforderungsdiagrammen und Personalportfolios eine „Bewegung" der Angestellten zu erkennen ist. Die Manager werfen erst in dieser Situation die zusätzliche Frage auf, wie man die Mitarbeiterbeurteilung und leistungsabhängige Vergütung von der Willkür der Führungskräfte unabhängig machen könne. Daher wird das zuletzt schon bearbeitete Beurteilungsformular einer erneuten Umgestaltung unterzogen, um 27 Kompetenzbegriffe ergänzt und mit Gewichtungen hinterlegt. Diese Lösung hat den Vorteil, das Beurteilungsformular wieder aufzugreifen, die Steuerungsinstrumente zum Einsatz zu bringen und zugleich eine Antwort auf die Frage nach gerechteren Beurteilungen parat zu haben.

Eine organisationstheoretische Beschreibung solcher scheinbar beliebiger Mixturen aus verschiedensten Problem- und Lösungsansätzen liefern Cohen, March und Olsen (1972) mit ihrem Papierkorbmodell. Entscheidungen werden demnach nicht durch die rationale Ableitung von Mitteln aus Zielen getroffen. Sie können stattdessen als mehr oder weniger zufälliges Zusammentreffen unterschiedlichster Probleme und Lösungen beschrieben werden. Gerade gut konturierte Probleme und Konflikte werden nicht mit wohlgeformten Lösungen abgearbeitet, sondern erscheinen für die Teilnehmer und Betroffenen als zufälliges Zusammentreffen der erforderlichen Entscheidungskomponenten: „one can view a choice opportunity as a garbage can into which various kinds of problems and solutions are dumped by participants as they are generated" (Cohen et al. 1972, S. 2). Was in einem gegebenen Papierkorb vorgefunden wird, wie die Entscheidung also aussieht und ausfällt, hängt davon ab, wer bei seiner Befüllung dabei ist und welche Gelegenheiten sich ergeben, etwas aus dem mitgebrachten Speicher an Lösungen und Problemen hineinzuwerfen. Für die beschriebene Situation, in der aus zuvor erarbeitetem Beurteilungsformular, bewährten Steuerungsinstrumenten und Gerechtigkeitsbedürfnissen eine Berechnung der Bonuszulagen als mit Kompetenzbedeutungen gewichteter Mittelwert der Kompetenzbeurteilungen entsteht, wirkt die Papierkorblogik jedenfalls zutreffender als das rationale Entscheidungsmodell.

Diese von außen angefertigte Beschreibung ist im Feld selbst allerdings unbrauchbar. Die Beteiligten können sich mit Zufällen nicht zufriedengeben. Stattdessen geben sie sich alle Mühe, das sich herauskristallisierende Ergebnis der Gewichtung der Kompetenzbeurteilungen als rationale, von vornherein geplante, bestmögliche Lösung darzustellen. Im Nachhinein ordnen sie Ziele und Mittel einander so zu, dass sie wie eine Zweck-Mittel-Ableitung aussehen. Harold Garfinkel (1967, S. 113f.) beschreibt solche Interpretationsstrategien von Entscheidungen anhand seiner ethnomethodologischen Beobachtungen: „In place of the view that decisions are made as the occassions require, an alternative formulation […] consists of the possibility that the person defines retrospectly the decision that have been made. The outcome comes before the decision." Erst im Nachtrag wird die gefundene Lösung durch die retrospektive Zuordnung von Zielen und Alternativen zur rationalen Entscheidung ausgeschmückt. Karl E. Weick (1979, S. 195) beschreibt dieses Phänomen als „sense-making": „The enactment process produces outcomes that are interpreted by the selection process as if a decision had been made. A search is made for what the decision might be. That means that the situation is decision-interpreted, not decision-guided."

Vor diese Herausforderung, die rationale Entscheidung, die im eher papierkorbförmigen Zusammenwürfeln der Beurteilungsbögen und der Steuerungsinstrumente enthalten ist, nachträglich zu finden und darzustellen, sehen sich nun auch die Berater gestellt. Ihre Kollegen haben bereits ein Beurteilungsformular im Unternehmen hinterlassen, das aber zur Kompetenzerhebung nicht geeignet ist. Kompetenzerhebungen sind aber unabdingbar um Varianz, also erkennbare Streuung, also Ergebnisse, in die Anforderungsdiagramme und Personalportfolios hineinzubekommen. Deshalb, heißt es in einem internen Meeting der Berater, gelte es jetzt, die Kompetenzprofile so mit den Beurteilungsbögen zusammenzuführen, dass es für den Kunden so aussehe, als wäre diese nachträgliche Modifikation vorheriger Projektergebnisse beabsichtigt. Sie hätten jetzt die glorreiche Aufgabe, es so aussehen zu lassen, als hätten sie sich Gedanken darüber gemacht – was aber überhaupt nicht der Fall sei (vgl. Meeting 1). Es geht um die nachträgliche

Zuordnung einer plausiblen „Storyline", eines rationalen Vorgehens, das zuvor noch nicht zu erkennen war. „The rules of decision making […] may be much more preoccupied with the problem of assigning outcomes their legitimate history than with the question of deciding before the actual occassion of choice the conditions under which one, among a set of alternative possible courses of action, will be elected" (Garfinkel 1967, S. 113f.). Dass der Kunde nun auch noch eine gerechtere Beurteilung einrichten will, bietet zumindest einen vorweisbaren Grund dafür, das erarbeitete Beurteilungsformular wieder zu ändern und die Kompetenzerhebung darin unterzubringen.

In dem Handout zum ersten Kompetenzworkshop ist dieses Ansinnen gut erkennbar. Die Zusammenführung von Beurteilungsformular und Kompetenzanforderungen wird mit Verlaufsgrafiken und Überschriften als zielgerichtete Vorgehensweise ausgewiesen. Auf Basis der bisherigen Protokollvorlage zum Mitarbeiterentwicklungsgespräch seien die Kompetenzprofile nur noch ein nötiger Zwischenschritt, um zu den Steuerungsinstrumenten und der abgeleiteten Maßnahmenplanung mit Anforderungsdiagrammen zu gelangen: „Die Kompetenzsteuerung wird stringent aus bisherigen Projektergebnissen erarbeitet" (Unternehmen B, Workshop 2, Chart 10), heißt es in der Unterlage. Das „Beurteilungsformular der Führungskräfte ‚vor Ort'" sei dabei „der Ausgangspunkt für die Ableitung von Kompetenzprofilen" (Unternehmen B, Workshop 2, Chart 11). Die bisherigen Beurteilungsfelder des Formulars würden durch Kompetenzbegriffe, -bedeutungen und -stufen optimal ergänzt, und quasi nebenbei würden so die Steuerungsinstrumente zum Leben erweckt. Die Workshop-Unterlage verweist an den betreffenden Stellen nachdrücklich auf die Entsprechung von Beurteilungsformular und Kompetenzangaben. Diese Zusammenführung von Mitarbeiterbeurteilungsformular und Steuerungswerkzeugen ermögliche dann gezielte Personal- und Maßnahmenplanung (vgl. Unternehmen B, Workshop 2, Chart 14). In der Unterlage wird weiterhin auf von einem dritten Beraterteam ebenfalls zuvor und unabhängig erstellte Stellenprofile (vgl. Unternehmen B, Dokument 3) verwiesen. Den Stellenprofilen wird nun ein Nutzen für die Einstufung der Kompetenzen in das Kenner-Könner-Experte-Raster zugesprochen. Sie legten verbindlich fest, welche Kompetenzstufen angestrebt würden, was also 100 % Performanz für welche Stelle bedeuteten (vgl. Unternehmen B, Workshop 2, Chart 13). Somit mündeten die Stellenprofile quasi von allein in Kompetenzanforderungen. Im Handout werden also ziemlich heterogene Ergebnisse unterschiedlicher Teilprojekte wieder aufgegriffen und nachträglich – ohne dass dies zuvor beabsichtigt worden wäre – zu Schritten im Aufbau der Steuerungsinstrumente erklärt. Das Zustandekommen der losen, uneinheitlichen Teilergebnisse und ihre Wiederaufnahme im Zuge der Bemühungen um kompetenzbasierte Personalsteuerung erscheinen als logische, aufeinander aufbauende Schritte hin zu einem integrierten Gesamtergebnis, eben den Steuerungsinstrumenten im Personalmanagement. Die Verknüpfung der Einzelarbeiten im Beratungsprojekt wird nachträglich geleistet. Und die in die Einzelergebnisse von den Beratern hineininterpretierte Stringenz scheint den Klienten einzuleuchten – oder aber Zweifel so sehr vorwegzunehmen und zu erschweren, dass keine diesbezüglichen Rückfragen gestellt werden. Die Werkzeuge erscheinen daher als logischer Kulminationspunkt der verschiedenen Vorarbeiten.

Auch in einer weiteren Hinsicht wird die Rationalität im Aufbau der Steuerungsinstrumente rückblickend und -wirkend aufgezogen. Es werden nicht nur Vorarbeiten des Projektteams in den Instrumentenpool eingestielt, um das gesamte Beratungsprojekt integriert und stringent erscheinen zu lassen. Unternehmensvertreter und Berater arbeiten auch daran, die Werkzeuge selbst als jeweils angebrachte Mittel zu fortlaufend wechselnden Zielen darzustellen. Was mit den Instrumenten erreicht werden soll, steht nicht ein und für allemal fest. Der Unternehmenserfolg in der Zukunft schwebt zwar als immer richtiger, aber eben nicht instruktiver Oberzweck über allen Bemühungen. Konkretere Unterzwecke, die sich aus bestehenden organisatorischen Problemen und Anknüpfungspunkten der Steuerungsinstrumente ergeben, werden hingegen angeführt, ein Stück weit verfolgt, dann aber wieder negiert und ausgetauscht. Ihnen ist die Legitimationswirkung für die Implementierung der Werkzeuge gemein. Am bereits erwähnten Beispiel der gerechteren Verteilung leistungsabhängiger Bonuszahlungen lässt sich die Aufnahme, Verfolgung und anschließende Abstoßung einer Zielsetzung für die Steuerungsinstrumente exemplarisch aufzeigen.

Zunächst werden sie auf eine gerechtere On Top-Vergütung ausgerichtet. Es wurde bereits beschrieben, dass der Anspruch einer neutralen Beurteilung und damit Bonuszahlung durch die Gewichtung des Beurteilungs-Mittelwertes mit den fixierten Kompetenzbedeutungen erfüllt werden soll. Auf diesem Weg, meint ein Vorstandsmitglied, komme man zu normierten und standardisierten Beurteilungen. Die eigentlich beliebig erscheinende und mit Unsicherheiten der Verantwortlichen behaftete Festlegung von Kompetenzbedeutungen (vgl. Unternehmen B, Workshop 2; Workshop 3) hätte somit weitreichende Auswirkungen auf die Vergütung der Angestellten, auf die Bedingungen ihrer Mitgliedschaft (vgl. auch Hopwood 1984, S. 167f.). Die Hoffnung, die mit der Festlegung der Zahlen als Kompetenzgewichtungen verbunden wird, ist eine höhere Gerechtigkeit der Bewertung, eine Einschränkung der Willkür der Vorgesetzten. Den betroffenen Mitarbeitern sollten solche Neuerungen, nimmt man an, natürlich gerade recht sein. Weil sich durch die Kompetenzgewichtungen Ungerechtigkeiten vermindern ließen, wirkten sie der Kritik der Mitarbeiter an Vorgesetztenurteilen entgegen, hoffen die beteiligten Führungskräfte.

Unerwarteterweise zeigt sich im weiteren Projektverlauf, dass gerade die Unsicherheit um die Zustimmung des Betriebsrates zur neuen Berechnungsweise der On Top-Vergütung ein Festhalten an diesem Ziel schwermacht und verhindert. Stefan Kühl (2007b, S. 193ff.) macht darauf aufmerksam, dass die Annahme, Rechenbarkeit schaffe in Organisationen Objektivität und mindere Interessenkämpfe, durch die Verstärkung solcher Konflikte durch Rechenverfahren konterkariert wird. Organisationsinterne Konflikte hängen sich demnach an Berechnungen geradezu auf. An bestimmten Formeln entzünden und verkomplizieren sich mikropolitische Machtspiele, statt wie beabsichtigt abgemildert und beigelegt zu werden. Der Versuch der Reduktion organisationaler Auseinandersetzungen durch Rechensysteme mündet eher in Verlängerungen, Aufblähungen, Komplexitätszuwächsen und im Ernstfall sogar Eskalationen dieser Auseinandersetzungen zwischen den Konfliktparteien.

Man kann die Antizipation solcher Konflikte um die gewichtete Bonusberechnung durch Unternehmensvertreter im Sample sehr gut nachvollziehen. Zwar brechen die Machtspiele nicht wirklich aus, aber die Scheu der Verantwortlichen vor Auseinandersetzungen mit dem Betriebsrat führt zu einer sukzessiven Infragestellung des Ziels „Gerechtere Bewertung". Letztendlich wird das Ziel aufgegeben, um andere, weniger konfliktträchtige Zwecke vorzuziehen. Bereits im ersten Workshop, innerhalb dessen die Überarbeitung des Beurteilungssystems als Ziel der Kompetenzprofile ausgegeben wird, finden sich mahnende Hinweise auf den Betriebsrat. Das zuvor erarbeitete Beurteilungsformular sei bereits mit dem Betriebsrat abgestimmt, auch deshalb bleibe es die Grundlage für alle weiteren Neuerungen. Bei der Überarbeitung der Beurteilungssystematik sei folglich immer der Betriebsrat zu bedenken, denn sie müsse mit ihm abgestimmt werden und bedürfe seiner Zustimmung, erklärt ein Vorstandsmitglied (vgl. Unternehmen B, Workshop 1). Im darauffolgenden Kompetenzworkshop, in dessen Rahmen die ersten Kompetenzgewichte festgelegt werden, bleibt das Vorhaben einer gewichteten Bonusberechnung noch unangetastet, aber man diskutiert ausgiebig, wie es dem Betriebsrat zu verkaufen sei. Man dürfe auf keinen Fall eine Gegnerschaft des Betriebsrates provozieren. Es sei daher strategisch günstig, die neuen Instrumente fertig auszuarbeiten und dann in entscheidungsreifem Zustand dem Betriebsrat als für die Mitarbeiter vorteilhaftes Gesamtpaket vorzustellen. Einblicke des Betriebsrates in die Details, die Gewichte und Berechnungsformeln seien zu vermeiden: Die Gewichtungen würden „hier festgelegt und dem Betriebsrat nicht mehr geöffnet". Man müsse das „Fass zulassen" und es dem Betriebsrat „geschlossen als für ihn vorteilhaftes Gesamtpaket vorstellen" (Unternehmen B, Workshop 2).

Nachdem über zwei Workshops hinweg Kompetenzgewichte festgelegt und erste Testdurchläufe mit gewichteten Bonusergebnissen durchgeführt wurden, kippt das Festhalten an jenem gerechteren Beurteilungssystem. Ein Personalmanager, der die Berechnung eines gewichteten Mittelwertes ausprobiert habe, berichtet von intransparenten und für die Mitarbeiter unverständlichen Ergebnissen. Wenn die Gewichtungen vergütungswirksam würden, müssten sie offengelegt und mit dem Betriebsrat geklärt werden. Da dies aber unabsehbare Diskussionen zur Folge hätte, sei es besser, die Bonuszahlungen wie bisher als ungewichteten Mittelwert der Beurteilungen zu berechnen (vgl. Unternehmen B, Workshop 4). Die bisher beschworene, zum Ziel erklärte und mit Gewichtungen zu erreichende Transparenz, die Eingrenzung der Willkür der Vorgesetzten, wird nun selbst zur Intransparenz, zur Willkür der im Verborgenen stattfindenden Berechnung erklärt. Die Auseinandersetzung mit dem im Unternehmen B offenbar ziemlich mächtigen Betriebsrat um ein für ihn ursprünglich als vorteilhaft vorgestelltes Berechnungsprozedere wird von den verantwortlichen Unternehmensvertretern offenbar so sehr gescheut, dass man die neue Rechenformel lieber beiseite lässt und bei der alten, bereits abgestimmten Beurteilungssystematik bleibt. Um im Unternehmen bekannte, potenzielle Konfliktlinien nicht anhand einer neuen Berechnung der On Top-Vergütung wieder aufflammen zu lassen, verzichtet man auf das soweit durchgehaltene Ziel der Gerechtigkeit durch gewichtete Berechnungen.

Man kann an diesem Vorgang gut ablesen, wie strategische Zweckfloskeln an ihrer konkreten Umsetzung und Operationalisierung scheitern. „Gerechtere Bonusverteilung" wäre sicher ein konsensfähiges Ziel, das aber noch nichts über die Umsetzung besagt. Vermutlich wird man sagen können: Weil „Gerechtere Bonuszahlungen" als Ziel noch keine bestimmten operativen Umstrukturierungen impliziert, ist es zunächst allgemein zustimmungsfähig. Wer hätte schon etwas gegen gerechtere Beurteilungen? Die weitaus riskantere und konfliktträchtigere Frage ist, was man unternimmt, um dieses Ziel zu erreichen. Da im Papierkorb dieser Entscheidungsfindung gerade Kompetenzgewichte an die Oberfläche gespült werden, nimmt man sie gleich als Rechenoperatoren zur Hand und bemüht einen gewichteten Mittelwert. Um dieses Rechenverfahren in die Vergütungspraxis umzusetzen wäre aber, wie erst einige Workshops später ans Licht kommt, die formale Zustimmung des Betriebsrates zu den sechs in den Workshops behandelten, positionsspezifischen Kompetenzprofilen erforderlich, die wiederum jeweils 27 quantifizierte Kompetenzbedeutungen enthalten. Dies scheint im Unternehmen B ein so unabsehbares Unterfangen zu sein, dass die Verantwortlichen es lieber beim alten, schon abgesegneten Berechnungsverfahren belassen. Die „Gerechtere Bonusverteilung" wird als Zielsetzung des Kompetenzinstrumentariums in den Wind geschlagen.

Stattdessen fokussiert man fortan aus Personalbeurteilungen abgeleitete Personalplanungen als Ziel. Dabei wird wiederholt unterstrichen, dass es sich um eine alleinige Angelegenheit des Personalmanagements handle, die die Personalbeurteilung und On Top-Vergütung nicht betrifft. Alle Beteiligten wirken tatkräftig daran mit, den Wechsel der Zielsetzung nicht als solchen zu thematisieren. So fragt eine am Projekt beteiligte Trainerin den Projektleiter, welche Funktion denn nun den Gewichtungen zukomme. Sie will offenbar erneute Widersprüche zwischen verschiedenen Teilprojekten und Trainings vermeiden. Aus seiner Antwort geht ohne weitere Erklärung hervor, die Gewichte und deren Verteilung seien alleinige Sache des Personalmanagements. Sie dienten ausschließlich den Personalmanagern zum Berechnen von Anforderungsdiagrammen und Personalportfolios – also der besseren Personalplanung (vgl. E-Mail-Wechsel 3). Die Beteiligten sind in dieser Phase sehr bemüht, den vorherigen Zielschwenk herunterzuspielen, ihn als logische Folge der vorhergehenden Schritte und als rational abgeleitet und geplant dastehen zu lassen. Die Berechnung eines Wertes für die On Top-Vergütung anhand der Kompetenzgewichte wird in keinem auch nur halbwegs verbindlichen oder offiziellen Gesprächskreis, in keinem Ausschuss, keiner Besprechung und keinem Workshop mehr erwähnt. Man tut so, als hätte es diese Idee niemals gegeben.

Das Ziel „Gerechtere Beurteilung und On Top-Vergütung" driftet, mit anderen Worten, in eine Kommunikationslatenz, nachdem es ad acta gelegt und durch ein gangbareres Ziel ersetzt wurde. Bei Kommunikationslatenzen handelt es sich nach Niklas Luhmann (1994, S. 457ff.) um die Unterdrückung gewisser Themen. Sie können zur Entstehung, Fortsetzung und Gestaltung von Kommunikation nicht genutzt werden. Die Latenzen müssen von allen Beteiligten eingehalten werden, denn sie erfüllen strukturerhaltende und -schützende Funktionen. Im Sample hat die Latenz des abgelegten Ziels „Gerechtere Beurteilung und Entlohnung" zum Beispiel die Funktion, die Zweckrationalitätsfiktion der Steuerungsinstrumente zu bewahren. Würde offen darüber geredet, dass die Werkzeuge ohnehin zum Einsatz kommen, egal, was damit erreicht werden soll, wäre der gesamte Projektabschnitt infrage gestellt. Ihre Eignung als Optimierungsansatz im Beratungsprojekt beruht ganz wesentlich darauf, dass ihnen ein wie auch immer gearteter, aber jedenfalls feststellbarer, und mit EFQM anscheinend sogar quantifizierbarer Nutzen unterstellt wird. Käme zur Sprache, dass sie für alles Mögliche herhalten, für Vergütungs-berechnungen ebenso wie für Einstellungstests, dann wäre ihre Berechtigung als Beratungsleistung offensichtlich angekratzt. Man könnte mit der Einrichtung der Instrumente im Unternehmen nicht fortfahren, wenn man gleichzeitig darüber spräche, dass sie gar keine bestimmte Bedeutung für das Unternehmen haben, sondern einfach erst mal eingerichtet werden, um anschließend zu schauen, was man damit überhaupt anfangen kann. Aus diesem Grund ist es fortan illegitim, die Instrumente mit der On Top-Vergütung in Verbindung zu bringen. Damit wird die Legitimität der Instrumente sichergestellt.

Das Interessante an dieser Zielverdrängung ist, dass alle Beteiligten den Zielwechsel sehr genau beobachten können. Das „Zurückrudern" in Sachen On Top-Vergütung ist für alle Projektteilnehmer sichtbar, aber zumindest in wichtigen, verbindlichen, folgenreichen Interaktionen nicht mehr ansprechbar. Es handelt sich mit den Worten Stefan Kühls (2009, S. 4) um eine Kommunikationslatenz ohne Beobachtungslatenz. „Kommunikationslatenz bedeutet nicht, dass überhaupt gar nicht über das beobachtete Phänomen gesprochen werden kann, sondern lediglich, dass die jeweils im Fokus stehende Kommunikation mit dem Thema nicht belastet werden kann." Der Zielwechsel kann in anderen Situationen, wenn Berater und Personalmanager unter sich sind, vielleicht noch resümiert werden. Er muss aber z. B. in Lenkungsausschüssen und größeren Workshops latent gehalten werden, um die Zweck-Mittel-Relation als offizielles Vorgehensmodell nicht zu gefährden. In diesen Situationen verhalten sich alle Teilnehmer so, als wäre schon immer klar und nie etwas anderes geplant gewesen, als die Instrumente als Mittel zum neuen Zweck „Bessere Personalplanung" einzusetzen.

Nach der „besseren Personalplanung" werden im Projektverlauf noch mehrere Male die Ziele, als deren Mittel die Steuerungsinstrumente dargestellt werden, angepasst. So kommt es zur Problematisierung der Kriterien für die Übernahme von Auszubildenden in eine feste Anstellung. Da das bisherige Entscheidungsgeflecht als überholt empfunden wird, gleichen die Projektbeteiligten die bisher relevanten Formulare (vgl. Unternehmen B, Dokument 5) an das Kompetenzinstrumentarium an. Die Kompetenzbegriffe und zugehörigen Beobachtungskriterien werden dabei „Pi mal Daumen" ausgewählt und als Bewertungsdimensionen anstelle der vorherigen Kategorien eingesetzt (vgl. E-Mail-Wechsel 4). Das Ergebnis ist ein an das Mitarbeiterbeurteilungsformular angenähertes „Beurteilungsformular für Auszubildende", das 24 Kompetenzbegriffe enthält, die wiederum auf jeweils vier in einem „Beiblatt" aufgeführte Identifikationskriterien aus dem Kompetenzkatalog verweisen. Anhand dieser Identifikationskriterien sollen die zuständigen Betreuer und Vorgesetzten für jede der 24 Kompetenzen eine Bewertung zwischen 60 % und 140 % eintragen (vgl. Unternehmen B, Dokument 10, S. 2f., 10ff.). Nachdem für jeden Auszubildenden ein Mittelwert dieser Kompetenzbeurteilungen errechnet wurde, könnten die Auszubildenden verglichen und geeignete Kandidaten ausgesucht werden. Auszubildende mit den höchsten Mittelwerten seien dann als am besten für die Übernahme geeignet anzusehen. Wie schon in der Logik von Anforderungsdiagrammen und Personalportfolios soll der Zahleneinsatz auch im Übernahmeverfahren der Auszubildenden neutrale und eindeutige Vergleiche ermöglichen. Das Ziel ist auch hier die Möglichkeit objektiver Entscheidungen. Die Überarbeitung der Auszubildenden-Auswahl bemüht somit ebenfalls einen „process through which a population becomes known and ordered" (Townley 1995, S. 564).

Es ist erneut die Vorstellung der besseren Entscheidbarkeit anhand zahlenförmiger Vergleiche, die zum Tragen kommt. Das Ziel wird allerdings, nachdem die neuen Vorlagen ausgearbeitet wurden, wieder verworfen. Die zuständigen Auszubilden-den-Betreuer und Führungskräfte halten es für zu aufwändig.

Im weiteren Verlauf werden die Steuerungsinstrumente bzw. einzelne ihrer Komponenten als potenzielle Bestandteile eines unternehmensweiten Controlling-Systems (vgl. E-Mail-Wechsel 1) sowie als passende Antwort des Unternehmens auf rechtliche Anforderungen an die Risikosteuerung (vgl. Unternehmen B, Workshop 5) gehandelt. All diese Ziele werden von ein- und denselben Instrumenten, deren Aufbau während des Projekts gleich bleibt, bedient. Je nach unternehmensinterner „Agenda" werden unterschiedliche Ziele aufgeworfen und nach einiger Zeit der Diskussion und Verfolgung wieder abgelegt. Die Steuerungsinstrumente des Personalmanagements erscheinen für jedes aufkommende Ziel als plausible Lösung. Sie werden ohne beobachtbare Zweifel oder Widerstände auf die unterschiedlichen Zweckmoden hin-argumentiert und jeweils als rational abgeleitetes Mittel präsentiert. Wenn das Ziel dann wieder einmal wechselt, passen die Projektteilnehmer ihre Argumentation an, die Werkzeuge bleiben aber weitgehend unverändert und unangetastet. Im Papierkorb der Rationalitätsfindung dieses Beratungsprojektes werden vielerlei Probleme, aber nur eine konstante Lösung ans Licht gebracht.

Solche wechselnden und nachträglichen Rationalitätskonstruktionen der Steuerungsinstrumente als Mittel zu verschiedenen Zwecken halten der eigentlichen Idee der Zweck-Mittel-Rationalität freilich nicht stand. Statt Mittel von Zwecken abzuleiten sind Bereichsleiter, Personalmanager und Berater fortwährend damit beschäftigt, neue Geschichten und Argumente zu entwickeln, die die Werkzeuge als Mittel zum gerade aktuellen Zweck ausweisen. Sie beschäftigen sich weniger mit der Zielerreichung als mit der fortlaufenden Einbindung, Auskleidung und Verwerfung kommender und gehender Ziele. Ihre Haupttätigkeit besteht in dem Nachweis einer Zweck-Mittel-Rationalität der Steuerungsinstrumente unter allen möglichen Zielformulierungen. Diese anhaltenden Bemühungen um Rationalitätsdarstellung weichen jedoch nicht nur von dem „ordentlichen" Vorgehen einer Mittelableitung aus Zielen ab; sondern sie laufen dem bemühten Rationalitätskonzept grundlegend entgegen. Der Nachweis der Rationalität der Werkzeuge im Unternehmen, der die Projektteilnehmer zu einem beträchtlichen Teil beansprucht, ist in sich irrational, „it is precisely the need to demonstrate rationality that can lead to justification processes which run counter to our concept of rational man" (Staw 1980, S. 55). Die Ziele werden nur partiell und vorübergehend aufgegriffen und mit den Instrumenten in Verbindung gebracht. Es wird dann nachdrücklich argumentiert und veranschaulicht, dass das gegebene Problem auf diese Weise optimal zu lösen sei. Diese Bemühungen um Rationalitätsdarstellungen folgen aber einer anderen Logik als die tatsächliche Zweckverfolgung, als das tätliche Streben nach einer Lösung der vorgewiesenen Probleme. „Die Darstellung des Zweckes [...] stellt wesentlich andere Anforderungen als seine technische Realisierung. Sie beansprucht Kräfte, die von der Zweckverfolgung abgezogen werden müsesn [sic!]" (Luhmann 1976, S. 110). Die Beteiligten agieren alles andere als rational, wenn sie hauptsächlich damit beschäftigt sind, die Rationalität ihres Vorgehens zu präsentieren.

Diese so gesehen irrationale Darstellung der Angemessenheit der Instrumente als Mittel zum Zweck ist gleichwohl unverzichtbar; sie ist für die Akzeptanz des Projektes vermutlich sogar ausschlaggebender, als es eine pure, rationale Zielverfolgung je sein könnte. Denn eine glaubwürdige Präsentation der Zweckverfolgung ermöglicht erst die Einigung, den Konsens der Beteiligten über die zu veranlassenden Schritte und Mittel – über die Steuerungsinstrumente und ihre Umsetzung. Die Zwecke, obwohl wechselnd, dienen als Prüfstein für die Annahme der Instrumente in den betroffenen Organisationen. Sie bieten abkürzende Formeln, mit denen sich die Beteiligten, vor allem aber weiter oben oder außen angesiedelte Führungskräfte anfreunden und die Steuerungsinstrumente folglich für gut heißen können (vgl. Luhmann 1976, S. 118f.).

Die Berater und Personaler mögen im kleinen Kreis, wenn sie unter sich sind, offen an der Hinbiegung der Instrumente auf die wechselnden Ziele feilen. Vor allem in kleineren Besprechungsrunden (vgl. Meeting 3) können Zielwechsel argumentativ durchgespielt werden. Hier wägt man ab, ob man sich nicht besser auf die „Personalplanung" beschränkt, wenn es mit der „Gerechteren Beurteilung und Vergütung" zu kompliziert wird. In größeren Workshops (vgl. Unternehmen B, Workshop 5) und Lenkungsausschüssen, an denen die Organisationsspitze sowie andere Abteilungsleiter teilnehmen, wird die absolute Sicherheit der Zweck-Mittel-Zuordnung dann aber restriktiv nach außen getragen. Berater und Personalmanager fungieren in Sachen Rationalitätsdarstellung in diesen Situationen als „Ensemble" im Sinne Erving Goffmans (2006, S. 73ff.). Sie sind in diesen Interaktionen gemeinsam auf den je aktuellen Zweck verpflichtet, „das gesamte Ensemble läßt einen bestimmten Eindruck entstehen" (Goffman 2006, S. 75f.) – und zwar den Eindruck der unbedingten Zielgerichtetheit und -angemessenheit der Instrumente.

Eben dadurch werden die Werkzeuge auf breiter Basis zustimmungsfähig. Die Präsentation einer zweifellosen Eignung der Instrumente für die gegebene Zielsetzung schafft Abstand zur konkreten Umsetzung der Instrumente. Dieser Abstand erleichtert wiederum ihre Akzeptanz durch die verschiedenen Beteiligten. Am Beispiel des Ziels „Gerechtere Beurteilung und Vergütung" wurde das ausführlich gezeigt. Solange es nicht konkret wurde, fand die Idee allgemeine Zustimmung. Als es jedoch ernst wird, erklärt man das Ziel doch lieber für nie dagewesen und sucht ein neues, zustimmungsfähiges Ziel, unter dessen Fahne man die Instrumente weiter vorantreiben kann. Die wechselnden Zwecke erlauben somit eine leichte und stark abgekürzte Verständigung in den Unternehmen, mit ihren Beratern, in den gemeinsamen Projekten. „Das System gewinnt auf dem Bildschirm seiner Zwecke für das tägliche Verhalten ein stark vereinfachtes Umweltbild und eine Kooperationsgrundlage, die rasche Verständigung gestattet" (Luhmann 1991, S. 192). Um die Absegnung der Steuerungsinstrumente zu gewährleisten, ist es für die Teilnehmer daher nützlich, Zwecke zu suchen, aufzubauschen und auszutauschen. Dieses irrationale Vorgehen macht es möglich, stets rational dazustehen. Die präsentierte Rationalität legitimiert wiederum alle ihre Bemühungen. Gerade der Bedarf an Rationalität in der Darstellung der Projektarbeit verlangt den Personalmanagern und Beratern also gar nicht zielgerichtete, irrationale Vorgehensweisen ab: „organizations under strong norms of rationality no doubt do exhibit many actions which attempt to create the illusion of rationality for their internal membership, although these behaviors may not in fact contribute to effectiveness" (Staw 1980, S. 64).

Genau diese irrationale Vorgehensweise bei der Entscheidungsvorbereitung kann nun als eine organisatorische Möglichkeit, Komplexität zu absorbieren, ausgewiesen werden. Die hoch selektive Zusammenfügung von Zielen und Mitteln macht die Handlungs- und Entscheidungsfähigkeit von Organisationen erst aus. Und es ist in Organisationen ein geradezu typisches Verhalten, nicht zu hinterfragen, wie genau bestimmte Entscheidungen getroffen und umgesetzt werden. Diese Phänomene hat Nils Brunsson (1985) beobachtet und in seiner Unterscheidung von Entscheidungs- und Handlungsrationalität untergebracht. Eine Abwägung aller denkbaren Alternativen und ihrer positiven wie negativen Folgen wäre demnach nicht förderlich, sondern im Gegenteil hinderlich für die angestrebte Handlung. Nähme man das zweckrationale Entscheidungsmodell ernst und befolgte es strikt, käme man nicht zu bestmöglichen, sondern wahrscheinlich zu gar keinen Ergebnissen. Die Vielzahl an Alternativen und Konsequenzen würde Unsicherheiten erzeugen, die Zweifel und Konflikte der Beteiligten nach sich ziehen. Eine Organisation ist jedoch darauf angewiesen, dass entschieden wird.

Den Projektteilnehmern wäre demnach nicht geholfen, wenn sie verschiedene Ziele und alternative Mittel zu den Steuerungsinstrumenten präsentierten. Sie suchen deshalb Unterstützung für ihre Bemühungen mit den Werkzeugen unter dem jeweils aktuellen Ziel. Die Auswahl und Darstellung des erreichbaren Nutzens und der adäquaten Mittel erfolgt direkt unter Ausgrenzung anderer, abgelegter Ziele und möglicher alternativer Methoden. Die Auswahl von Zielen geht der Auswahl von Mitteln eben nicht voraus, sondern das aktuelle Ziel „Personalplanung" wird mit dem passenden Mittel „Steuerungsinstrumente" zusammen als bereits vorbereitetes Gesamtpaket behandelt (vgl. Lindblom 1959, S. 81ff.). Genau solche Gesamtpakete werden in den Samples von Vorständen wiederholt eingefordert, wenn sie „entscheidungsreife Vorschläge" verlangen. In dieser selektiven Zuspitzung von Entscheidungsmöglichkeiten ist die hier beobachtete Organisationsstrategie der Komplexitätsreduktion zu sehen. Sie befördert die Umsetzung der Steuerungsinstrumente. Man reduziert Mittel und Ziele von vornherein, um zur gewünschten Entscheidung über den weiteren Projektverlauf zu kommen. Genau so kommen Organisationen durch Komplexitätsreduktion zu Entscheidungen und von Entscheidungen zu Handlungen (vgl. Brunsson 1982, S. 33ff.).

Der Aufbau und die Implementierung der Steuerungsinstrumente im Personalmanagement verlaufen also alles andere als rational. Die Werkzeuge werden mit bemerkenswertem Aufwand erstellt, mit Zahlen gefüllt und wieder und wieder überarbeitet. Ihre Bedeutungen für die sie adaptierenden Unternehmen bleiben derweil jedoch relativ unklar. Es sieht so aus, als ob gerade das mühsame Prozedere um ihre Einrichtung den angestrebten Nutzen zunehmend diffuser macht. Je mehr sich die Beteiligten mit den Instrumenten und Berechnungen auseinandersetzen, desto mehr Probleme treten zutage und desto restriktiver müssen sie bei der anschließenden Fortsetzung des Projekts die Eigenheiten und Folgen der Werkzeuge ausklammern. Es ist nachvollziehbar, dass die Protagonisten angesichts des drohenden Ausbruchs unabsehbarer Folgeprobleme und -entscheidungen dabei bleiben, die Instrumente ganz allgemein als Instrumente für das strategische Personalmanagement zu erklären – und es dabei belassen. Wollten sie sie rationalisierend aufbrechen, prüfen und ihre Zwecke und Mittel im einzelnen dekomponieren, hätten sie es mit zunehmend unüberblickbaren Einzelschritten zu tun, die sie jeweils für sich nachvollziehen müssten (vgl. Luhmann 2005b, S. 400). Die ausschlaggebende Frage, welche Entscheidungen denn nun von den Instrumenten abhängen, würde so jedoch kaum erleichtert.

Die in den Instrumenten hinterlegten Zahlen und Visualisierungen bleiben somit jedoch unhinterfragt. Was als Kompetenzbedeutung und Kompetenz-Ziel eingegeben wurde, wird fortan für „bare Münze" genommen. Gerade die Darstellung der Zahlen in Diagrammen hat einen plausibilisierenden Effekt und verschleiert die Kontingenz der in ihnen kondensierten Festlegungen und Berechnungen. Man fragt nicht nach, was „hinter" Anforderungsdiagrammen und Diagrammen vor sich geht. Die hervorgebrachten Ergebniszahlen und Diagramme werden von den Projektteilnehmern kritiklos akzeptiert. Man unterstellt schlechthin, dass es standardisierte Rechen- und Verarbeitungswege gibt, die im Zweifelsfall immer noch überprüft und nachvollzogen werden könnten. Der Anspruch, der mit der Neuausrichtung des Personalmanagements und der damit einhergehenden Implementierung von Steuerungsinstrumenten verbunden ist: die strategische, gewinnträchtige, kontrollierte Führung der Organisation in eine ungewisse Zukunft wird im Umsetzungsprozess von einem Vorgehen konterkariert, das sich durch willkürliche Entscheidungen und nachträgliche Rationalisierungen auszeichnet. Im Modell des auf Grenzerhalt per Komplexitätsreduktion angelegten Organisationssystems können solche Phänomene funktional erklärt werden. Sie passen zum „ganz normalen" Bild von Organisationen, das sich in dieser Sichtweise herausstellt. Die bisherigen Ergebnisse sollen als erste Beschreibung und organisationssoziologische Rekonstruktion der beobachteten Beratungsprozesse dienen. Im nächsten Schritt soll geklärt werden, was aus dem eigentlichen Steuerungsanspruch der Instrumente und Berechnungen wird und welche Effekte mit den Instrumenten in der Organisation ausgelöst werden.

Das Verhältnis zwischen Steuerungs-instrumenten und Entscheidungen

4

Die strategische und ertragsorientierte Planung und Steuerung des Personals und seiner Kompetenzen wird als Ziel der Reformbemühungen im Personalmanagement ausgegeben. Sie gelten als adäquate Antworten auf veränderte Markt- und Arbeitsbedingungen in Gegenwart und Zukunft. Die vorgestellten Steuerungsinstrumente werden als Umsetzung und Mittel dieser Ansprüche auf organisationale Umorientierung und Neuausrichtung hin zum Human Capital Management gehandelt. Sie gelten als Entscheidungshilfen, die den Unternehmen und ihren Personalmanagern, wie in den Samples häufig versprochen, „Planungssicherheit verschaffen". Somit seien sie geeignet, ein Kernproblem erfolgreicher Unternehmensführung im „Informationszeitalter", die Absicherung und bedarfsgerechte Bereitstellung der „Ressource Personal", zu lösen.

Die Rationalitätsbrüche im Implementierungsprozess der Steuerungsinstrumente scheinen diese Versprechungen zu widerlegen. Wenn die konkreteren Ziele und die Tragweite der Werkzeuge in den Unternehmen mehrmals geändert werden, wenn die Instrumente aus zuvor schon dagewesenen Fäden, die man nun nicht mehr loswird, zusammengeflochten werden, widerspricht das dem offiziellen Programm, umfassende Kontrolle und Steuerung der Personalbewegungen im Unternehmen von oben herab umzusetzen. Die Ableitung der Mittel wird gerade nicht von den gesetzten Zielen, sondern von zuvor schon vorhandenen, bereits etablierten Mitteln und organisatorischen Verfahrensweisen ausgehend in Angriff genommen. Für die vorhandenen Mechanismen und Prozesse kann man Konsens unterstellen, sie sind im Unternehmen bzw. im Projektteam schon bekannt und akzeptiert. Was als Planungs- und Steuerungswerkzeug aufgesetzt wird, knüpft daher an diese organisationalen Voraussetzungen an, wird daran angepasst und von ihnen viel stärker geprägt als von vorab gewählten und dann konstant gehaltenen Zielen.

Die Instrumente werden gleichwohl als optimiertes Mittel für geschäftstreibendes Human Capital Management ausgewiesen. Die Beteiligten halten daran fest, dass die Instrumente für ein besseres, sichereres und zukunftsgewandtes Management der Ressource Personal stehen. Sie geben sich überzeugt, mithilfe der Werkzeuge „…die erforderlichen Personalkapazitäten…mit den richtigen Kompetenzen…zur richtigen Zeit…am richtigen Arbeitsplatz" (Unternehmen A, Workshop 1, Chart 10) bereitstellen zu können. Es könnte daher sinnvoll sein, die Instrumente in ihrem Anspruch auf Personalsteuerung ernst zu nehmen und zu untersuchen, was in einer organisationssoziologischen Perspektive mit diesem Anspruch impliziert wird.

Wenn Organisationssoziologen über Personal in Organisationen sprechen, beziehen sie sich auf andere Theorien und Erklärungsmodelle als die eingangs dargestellte Managementliteratur. Der Ansatz des Human Capital Management zielt darauf ab, Personal als Wertschöpfungskomponente zu begreifen. Weil sich die werttreibenden Ressourcen verlagern, treten „Intangible Assets", allen voran „Humankapital", an die Stelle industrieller Produktionsmittel. Personalmanager sollen sich demzufolge als „Partner des strategischen Managements", als Wertschöpfer und Unternehmenstreiber, als Kompetenzsteuerer etc. verstehen. Aus organisationssoziologischer Sicht sind die Spezifik und die Bedeutung von Personal und Personalarbeit in Organisationen mit solchen Formulierungen jedoch nicht hinreichend erfasst. Der Mangel solcher Beschreibungen wird daran deutlich, dass sie von anderen Abteilungen beinahe unverändert übernommen werden könnten. Controller und Marketingexperten könnten sich ebensogut als strategische Management-Partner, als Unternehmenstreiber und Wertschöpfer ausweisen. Man müsste nur den Begriff „Personal" gegen „Kennziffernsysteme" oder „Informationskampagnen" ersetzen. Personalmanager als Ressourcensteuerer zu begreifen leistet somit keine ausreichende Abgrenzung des Personals und der Personalarbeit von anderen Bezugsgrößen in der Organisationsführung. Als Organisationssoziologe sucht man aus diesem Grund Distanz zum Sprachgebrauch der Praktiker und der Managementliteratur. Man ordnet Personal anstelle der Ressourcen- und Kapitalmetapher als Spezialproblem von Organisationen in eine übergeordnete Organisationsanalyse ein (vgl. Kühl 2006b, S. 2f.). Auf diese Weise wird versucht, Selbstverständlichkeiten des Managements, der Personaler und Berater zu widersprechen. Der organisationssoziologische Zugang verweist auf kontraintuitive Wirkungen von Umstrukturierungen und Optimierungsversuchen und sieht sich somit imstande, allzu großem Optimismus in Reformprojekten zu widersprechen.

Das organisationsanalytische Rahmenmodell, in dem Personal verortet wird, stellt Niklas Luhmann (2005a) mit seiner Weiterentwicklung des Konzepts der Entscheidungsprämissen vor. Entscheidungsprämissen dienen demnach der Kanalisierung und Verdichtung von Entscheidungszusammenhängen. Sie sorgen für Redundanz, d. h. für eine „strukturelle Einschränkung der Entscheidungszusammenhänge" (Luhmann 1992, S. 174). Entscheidungsprämissen legen bestimmte Vorkehrungen für zukünftige Entscheidungen fest und sind somit die typische organisatorische Möglichkeit, Strukturen zu schaffen und zu verändern. Luhmann (1992, S. 176ff.) unterscheidet zwischen drei Entscheidungsprämissen. Erstens legen Entscheidungsprogramme fest, was getan werden soll. Sie dienen der Beurteilung der Richtigkeit von Entscheidungen. Es gibt Zweckprogramme, die vorgeben, was bei einer Entscheidung herauskommen soll, und Konditionalprogramme, die als „wenn-dann"-Regeln fungieren und für bestimmte Ereignisse bestimmte Reaktionsspielräume oder sogar Reaktionen fixieren. Kommunikationsregeln legen als zweite Entscheidungsprämisse fest, wer mit wem kommuniziert. Dabei ist nicht nur an hierarchische Über- und Unterordnungen gedacht, die vorgeben, wer wem „berichtet", sondern auch an Kommunikationsregeln auf gleicher Ebene, etwa bei der Zusammenstellung von Projektteams. Je nach aufkommender Entscheidung werden dann die zuvor bestimmten Kommunikationskanäle aktiviert. „Man kann dann aus einer Entscheidung ersehen, wer mitgewirkt hat bzw. umgekehrt aus der Kenntnis der Mitwirkung auf wahrscheinliche Resultate schließen oder schließlich: durch Organisation der Beteiligung eine Art Rahmensicherheit für bestimmte Entscheidungen einrichten" (Luhmann 1992, S. 177). Programme und Kommunikationsregeln sind auch Betriebswirten unter den Begriffen Ablauf- bzw. Aufbauorganisation bekannt. Sie werden im klassischen Zweckmodell der Organisation als Ansatzpunkte für Rationalisierung und Optimierung gesehen. Das Personal wird diesen Vorentscheidungen untergeordnet. Es ist keine eigene Komponente der Organisationsstruktur, sondern wird erst dann in Angriff genommen, wenn Programme und Kommunikationswege schon feststehen. Diese Sichtweise führt jedoch zu einer Überschätzung der Änder- und Optimierbarkeit von Organisationen, weil sich Kommunikationswege und Programme im Vergleich mit Personen eben relativ gut ändern lassen (vgl. Luhmann 2000, S. 279f.).

Mit dem Entscheidungsprämissen-Modell wird hingegen vorgeschlagen, Personal als gleichwertiges, drittes Moment organisationaler Strukturierung ernst zu nehmen. Personal wird neben Programmen und Kommunikationswegen als dritte Entscheidungsprämisse verstanden. Wird eine Stelle mit einer Person besetzt, dann weitet diese Person die weiteren Entscheidungsmöglichkeiten aus oder schränkt sie ein. Häufig ist vor allem ein Einschränkungseffekt bezüglich weiterer Entscheidungen, eine Redundanzerhöhung, an Personen zu beobachten. „Wenn man eine Person kennt, kann man sich leicht eine Vorstellung davon machen, wie sie entscheiden wird, und man kann im Hinblick auf eine solche Vorstellung auswählen, was man ihr sagt und was man ihr verschweigt" (Luhmann 1992, S. 177f.).

Entscheidungen über Personalfragen sind somit ausschlaggebend für das weitere organisationale Geschehen. Sie beeinflussen maßgeblich, wie weitere Entscheidungen getroffen werden. Damit ist zugleich behauptet, dass in Organisationen ausschließlich die entscheidungswirksamen Momente des Personals interessieren. Es wird „nicht in der Fülle seiner konkreten Menschlichkeit, seiner Bedürfnisse, Hoffnungen, Leiden und individuellen Lebensgeschichten in Betracht gezogen […], sondern lediglich als Komplex strukturgebender Entscheidungsprämissen." Die Aufgabe des Personalmanagements wird damit eingeschränkt „auf die Beschaffung und Verteilung von Entscheidungsprämissen auf Entscheidungsprozesse, und zwar auf jene Prämissen, die nur qua Person bezogen werden können. Die biographischen Details und konkreten Lebensumstände haben dafür nur insoweit Bedeutung, als sie den Entscheidungsprozeß faktisch strukturieren" (Luhmann 1975a, S. 208f.).

Eine Organisation hat nun prinzipiell vier Möglichkeiten, auf die Entscheidungsprämisse Personal Einfluss zu nehmen (vgl. Luhmann 1975a, S. 211f.; 2000, S. 287). Es handelt sich jeweils um sogenannte „Personalentscheidungen", die die Mitgliedschaft von Personen in der Organisation oder Stellenbesetzungen betreffen. Zunächst ist an Einstellungen zu denken, die den Eintritt einer neuen Person und ihre Platzierung auf einer Stelle bewirken. Sie legen fest, welche Person Entscheidungen trifft. Den gleichen Effekt haben Versetzungen mit oder ohne Beförderung. Entlassungen entziehen der betreffenden Person die Organisationsmitgliedschaft und bestimmen damit, welche Person fortan nicht mehr entscheidet. Zuletzt ist an Personalentwicklung zu denken, die auf eine zielgerichtete Veränderung der Person hinarbeitet, damit sie in Zukunft anders entscheidet.

Personalentscheidungen sind mit dem Entscheidungsprämissen-Modell als hoch relevant für das Zustandekommen und den Ausgang weiterer Entscheidungen anzusehen. Folglich stellt sich mit Blick auf die etablierten Steuerungsinstrumente die Frage, wo Personalentscheidungen getroffen werden, von welchen Kriterien sie geleitet und durch welche Hilfsmittel sie geprägt werden. Die Idee der Berechnungen und Visualisierungen besteht im Kern offenbar darin, eindeutige und verbindliche Direktiven für Personalentscheidungen zu erzeugen. Die Steuerungsinstrumente sollen über Zahlenvergleiche und Streudiagramme in Signalfarben deutlich machen, welche Personalentscheidungen erforderlich werden und wie sie ausfallen müssen, um dem Unternehmenserfolg zuträglich zu sein. Sie sollen Antworten errechnen auf „die Frage, wie sich Persönlichkeitsstrukturen als Entscheidungsprämissen im System bewegen – wie sie sich faktisch bewegen und wie ihre Bewegung verändert werden sollte, um eine Integration mit programmatischen und organisatorischen Strukturen zu ermöglichen" (Luhmann 1975a, S. 209). Über die berechneten Durchschnittswerte für Kompetenzen und Kompetenzbedeutungen sowie deren Abgleich mit Zahlen für die Zielerreichung im Vertrieb sollen sie Auskunft geben, welche Person in welcher Hinsicht verändert werden muss und welches Mitglied als Förder-, Aufstiegs- oder Problemkandidat zu behandeln ist. In Diagrammen dargestellt werden ganze Abteilungen sowie Querschnitte durch verschiedene Abteilungen, z. B. als bereichsübergreifendes Personalportfolio aller Teamleiter, überblick- und vergleichbar. Anscheinend muss der zuständige Entscheider nur noch die Einstellungen, Versetzungen, Austritte und Entwicklungsmaßnahmen auf den Weg bringen, die die Diagrammpunkte und Durchschnittswerte nahelegen.

Die Abbildung des Personals in Anforderungsdiagrammen und Personalportfolios mit dem Ziel, Personalentscheidungen zu optimieren, wirkt auf den ersten Blick einleuchtend und angebracht. Was spräche dagegen, Stellenbesetzungen und Versetzungen davon abhängig zu machen, wie kompetent und erfolgreich die Mitarbeiter sind? Warum sollte man nicht überprüfen, wessen Verkaufserfolge zu wünschen übrig lassen, um ihm besondere Anstrengung oder sogar den Austritt aus dem Unternehmen nahezulegen, wenn das Fehlen jeglichen Kompetenzpotenzials zugleich anzeigt, dass keine Besserung zu erwarten ist? Die Steuerungsinstrumente scheinen ihrem Anspruch auf Personalkontrolle und -planung mit anderen Worten deshalb gerecht zu werden, weil sie die sonst schwer zu prüfenden und kaum zu überblickenden Eigenschaften, Voraussetzungen und Leistungen der Mitglieder sichtbar und auf einen Blick vergleichbar machen. Sie bilden Kompetenzniveaus im Verhältnis zur Wichtigkeit dieser Kompetenzen und Kompetenzpotenziale im Verhältnis zu Arbeitserfolgen ab und machen sie damit für Entscheidungsprozesse zugänglich. Die Entscheidungsprämisse Personal wird offenbar durch zahlenmäßige Erfassung, Durchschnittsberechnung und Visualisierung, dank kompakter Darstellungen und Signalfarben und -feldern systematisch durchschau-, vergleich- und steuerbar. Personalmanager gewinnen augenscheinlich Überblicks- und Kontrollmöglichkeiten, die richtige, erfolgsträchtige Personalentscheidungen nicht nur erleichtern, sondern abseh- und planbar machen. Es sieht so aus, als würden sie mit den Instrumenten tatsächlich befähigt, Mitarbeiterkompetenzen entsprechend der erarbeiteten Kompetenzprofile zu entwickeln und geeignete Kandidaten auf wichtige Stellen zu dirigieren. In der „Karriereplanung" werden alle im Unternehmen geplanten Personalbewegungen festgehalten. Lücken, Unter- und Überkapazitäten sowie freie Stellen werden so früh wie möglich absehbar, und dank der Personalportfolios und Anforderungsdiagramme sollen die Personaler potenzielle Nachfolger erkennen und mit evtl. noch fehlenden Kompetenzen ausstatten können.

Die vorwiegend britische und amerikanische, in der (deutschen) Soziologie erst in den letzten Jahren aufgenommene Accounting-Forschung[8] macht nun darauf aufmerksam, dass Rechen- und Zahlensysteme (nicht nur) in Organisationen nicht allein interessierende Größen und Phänomene registrieren, auswerten und darstellen. Vielmehr wirken sie ihrerseits auf die Welt der Organisation zurück, verändern und prägen sie. Quantifizierende Erfassungen, Berechnungen und Kalkulationen organisationaler Phänomene sind demnach nicht allein als unabhängige

---

8   Vgl. die Beiträge bei Mennicken und Vollmer (2007).

Überblicksmöglichkeiten über eine davon unberührt fortlaufende Organisationswirklichkeit zu verstehen. Vielmehr konstruieren und markieren sie Ansatzpunkte für organisatorische Eingriffe. Sie erzeugen damit Entscheidungsanlässe, die ohne Zahleninstrumente nicht zustande kämen. So gesehen beeinflussen und manipulieren sie ihrerseits die implementierenden Organisationen. Sie bringen Effekte hervor, die über die neutrale und kompakte Abbildung des organisationalen Geschehens weit hinausreichen. „Zahlen schaffen Sichtbarkeiten, die zur Basis organisationalen Handelns und Entscheidens werden und genau dadurch Organisationswirklichkeiten mitstrukturieren", beschreibt Hendrik Vollmer (2004, S. 454) diese umgekehrte Einflussrichtung von Zahlen auf die Organisationswirklichkeit. „Die Zahlen des Rechnungswesens machen eine Wirklichkeitssphäre sichtbar, die Organisationen als quantitativ objektivierbare Grundlage für Prozesse des Wirtschaftens dient" (Vollmer 2003, S. 12f.).

Eben dieser objektivitätsstiftende Mechanismus dürfte es sein, der die Attraktivität der untersuchten Steuerungsinstrumente ausmacht. Er führt zur tiefen Überzeugung der Beteiligten vom Nutzen der Werkzeuge. Man glaubt an auf zahlenförmigen Messungen beruhende und daher neutrale Informationen über die Mitarbeiter. Doch die Instrumente bilden eben nicht das reale Personal mit seinen Voraussetzungen und Charakterzügen wirklichkeitsgetreu ab. Sie erzeugen durch die Festlegung von Kompetenzstufen und die Bewertung von Kompetenzträgern in Form von Zahlen erst eigenständige, organisational relevante Begriffe und Bezugsgrößen. Die faktisch kaum zugänglichen Personeneigenschaften werden durch die Zuordnung, Verrechnung und Visualisierung von Zahlen zu Entscheidungsgegenständen des Personalmanagements: „even if knowledge per se is unaccessable by principles of accounting rules, managers do try to ‚identify‘ or ‚manage‘ knowledge. They construct inscriptions that allow them to intervene and act at a distance and thus make them powerful enough to evaluate the work e. g. of a professional or an expert" (Mouritsen et al. 2001, S. 740). Die Quantifizierungen hängen sich zwar an einzelnen Mitgliedern und Mitgliedergruppen auf, werden aber durch die Verrechnungen zu Mittelwerten und die Umlegung der Zahlen in Diagrammpunkte zu einer eigenen Art Realität. Diese Zahlenrealität bezieht sich zwar auf Mitglieder und wirkt auf sie zurück. Sie ist aber doch als eigenständiges organisationales Phänomen, als von den betroffenen Mitgliedern verschiedenes Thema und Problem anzusehen. Die Punkte im Personalportfolio – nicht die unmittelbare Beobachtung des Mitarbeiters – qualifizieren bzw. disqualifizieren ihn zum Aufstiegs- oder Abstiegskandidaten; die Streuung der Kompetenzen im Anforderungsdiagramm – nicht die Probleme und Bedürfnisse der Mitarbeiter im Kundengespräch – sollen die Zuordnung von Personalentwicklungsmaßnahmen anleiten.

Somit verbildlichen die Steuerungsinstrumente die Entscheidungsprämisse Personal. Sie legen sie um in virtualisierte, automatisierte Ersatzgrößen – Zahlen, Diagrammpunkte und bunte Balken –, die ihrerseits Orientierung für Personalentscheidungen bis hin zu deren vorausschauender Planung versprechen. Wai Fong Chua (1995, S. 140) hat diese Ersetzung von Personen durch virtuelle Zahlenkonstrukte in der Entscheidungsreproduktion anschaulich beschrieben: „A costed DRG is not identical to a physical entity called Mr. Packer [...] It is a paper construct – a result of Mr. Packer who had been codified into a set of inscriptions that were than displayed and manipulated in machines and finally printed on a page as part of a text. But the appearance of a number on a page allowed the Cost Modelling Group to talk about DRGs and their costs as though they were physical, tangible entities called products and in this turn made certain people [...] subject to an instrumental, interventionist rationality."

Natürlich sind die Streudiagramme keine wirklichkeitsgetreuen Abbildungen des Personals – auch wenn dieser Eindruck erweckt wird. Vielmehr werden durch Quantifizierung und Visualisierung mit den Steuerungsinstrumenten plausible, scheinbar objektive Ersatzgrößen geschaffen. Diese Ersatzkonstrukte aber ermutigen den Personalmanager durch Zahlenvergleiche zu Entscheidungen, die das Personal dann ganz real betreffen. Die Zahlen und Visualisierungen provozieren Personalentscheidungen. „Als dominierende Systemfunktion organisierten Rechnens erscheint die Erzeugung reproduziert-reproduzierbarer Entscheidungsgrundlagen für Prozesse des Organisierens. Der organisierte Umgang mit Zahlen läßt Organisationen für Prozesse des Organisierens Anknüpfungspunkte in der eigenen Geschichte finden und erlaubt es, Eingriffe in diese Geschichte differenzierend zu betrachten und zu bewerten" (Vollmer 2004, S. 457). Die anschlussfähigen, durch Zahlen markierten Eckpunkte der Organisationsgeschichte sind im Fall der vorgestellten Steuerungsinstrumente eben Personen.

Man kann daher annehmen, dass die Steuerungsinstrumente die Aufmerksamkeit in Organisationsprozessen auf die Entscheidungsprämisse Personal hinlenken. Sie symbolisieren die Bewertbarkeit und zugleich die Veränderungsmöglichkeiten der Entscheidungsprämisse Personal. Sie legen es nahe, über Personalentscheidungen zu organisieren, und verdeutlichen zugleich die Wertigkeit und Brauchbarkeit von Personalmaßnahmen für die Organisation. Dass es sich bei den abgebildeten Daten vermeintlich um eine wirklichkeitsgetreue Durchdringung des betroffenen Personals handelt, sorgt für Aufmerksamkeit im Unternehmen und verspricht Plausibilität. Es werden Personen bzw. deren Kompetenzen verglichen, das macht die Zahlen und Diagramme interessant und verschafft ihnen Beachtung. „Das Repräsentationsprinzip fungiert [...] in erster Linie als Symbol für Relevanz, Dienlichkeit und Vertrauenswürdigkeit organisierten Rechnens" (Vollmer 2004, S. 457).

Die beobachteten Projektarbeiten machen deutlich, dass die Festlegung der Zahlen und die Zusammenstellung der Diagramme, die als Entscheidungsgrundlagen fungieren, teilweise mit großer Beliebigkeit vorgenommen werden. Dass die Verantwortlichen sich bei der Fixierung der Soll-Vorgaben und der Gewichte für Kompetenzen sichtlich unsicher sind, die zugehörigen Zahlen auf Nachfragen bereitwillig austauschen und anpassen (vgl. Unternehmen B, Workshop 2; Workshop 3), wurde bereits geschildert. Auffällig ist außerdem, dass die Zahlen bereits während dieser Vorentscheidungen Aufmerksamkeit binden und Bewert- und Vergleichbarkeit symbolisieren. Sie werden als Orientierungspunkte für Anschlussentscheidungen dankbar angenommen. Denn sobald die Generalbevollmächtigten die erste Soll-Ziffer, das erste Kompetenzgewicht festgelegt haben, werden weitere Zahlen unter Berücksichtigung dieser bereits sichtbaren, bereits bearbeiteten Zahlen bestimmt (vgl. Unternehmen B, Workshop 2). Die Generalbevollmächtigten überlegen dann nicht mehr unvoreingenommen, wie wichtig die gerade zu quantifizierende Kompetenz für die gerade behandelte Stelle ist, sondern entscheiden mit Blick auf die bereits in die Tabelle eingetragenen Zahlen über weitere Zahlen. Sie stellen sich nicht mehr die Frage, wie delegationsfähig etwa ein Teamleiter im Großkundenbereich sein sollte, sondern bestimmen die verlangte Zahl mit Blick auf die anderen Zahlen, die vorher behandelten Kompetenzen und Mitgliedern bereits zugeordnet sind. Im zweiten Kompetenzworkshop neigt der Verantwortliche dazu, die Zahlen des ersten Workshops zu „kopieren", anstatt seine Stellen wie eigentlich beabsichtigt mit Kompetenzen zu profilieren – unterscheidbar zu machen (vgl. Unternehmen B, Workshop 3).

Diese Orientierung an gegebenen Zahlen verstärkt sowohl die Beliebigkeit der Zahlen als auch ihre Ablösung von der vorgeblich abgebildeten Realität. Wollte man die Zahlen eng an die „echten" Kompetenzanforderungen der Arbeitssituation anbinden, müsste man vermutlich mit qualitativen Erhebungsverfahren die typischen Strukturen und Momente z. B. eines Verkaufsgespräches zwischen Kunde und Mitarbeiter erheben und Einfluss- und Manipulationsmöglichkeiten ausloten. An ein solches Vorgehen wird aber kein Gedanke verschwendet. Stattdessen stützen Vorgesetzte ihre Zahlen auf jeweils andere Zahlen. „Der Alltagsbetrieb organisierten Rechnens führt von einer Zahl zur nächsten und nur in seltenen Fällen […] an nicht-zahlenförmigen Wirklichkeiten vorbei" (Vollmer 2004, S. 457).

Auch in weiteren Projektabschnitten und -gesprächen ist die Beliebigkeit der Zahlenfixierung und -interpretation greifbar. Während eines Meetings in kleinerer Runde überlegen die Projektbeteiligten, was die Punkte in Anforderungsdiagrammen und Personalportfolios eigentlich abbilden (vgl. Meeting 2). Es ist ihnen lange Zeit gar nicht klar, ob ein Punkt für eine Kompetenz oder einen Mitarbeiter steht. Man einigt sich dann darauf, Punkte in Anforderungsdiagrammen fortan als Kompetenzen, Punkte in Personalportfolios hingegen als einzelne Mitglieder anzusehen. Die Instrumente sind zu diesem Zeitpunkt bereits eingerichtet. Das Projektteam beschließt erst nachträglich, wie sie zu verstehen sind. Auch als die Beurteilung der Auszubildenden angesprochen wird, ist die Willkür des Zustandekommens entscheidungsträchtiger Zahlen ersichtlich (vgl. Unternehmen B, Workshop 3). Der für die Auszubildenden verantwortliche Personalleiter ist sich zunächst unsicher, ob nach der Neugestaltung des Beurteilungssystems für Mitarbeiter auch die Fragebögen für Auszubildende überarbeitet werden müssten. Man beschließt letztlich, die Beurteilung der Auszubildenden so weiterzuführen wie bisher, sie aber zusätzlich mit einer 60 %–140 %-Skala und Kompetenzen zu versehen, um sie optisch an die Mitarbeiterbeurteilung anzupassen und eine ähnliche Vergleichbarkeit herzustellen. Was inhaltlich mit der Auszubildendenbeurteilung geschieht, wird als zweitrangig behandelt. Wichtig erscheint der zahlenförmige „Output" der Beurteilung: ein Mittelwert zwischen 60 % und 140 %, der sich genauso lesen, behandeln und abgleichen lässt wie derjenige der Mitarbeiter.

Dieser Anschluss von Zahlen an Zahlen und die offensichtlich in ihm angelegte Beliebigkeit fallen im Gebrauch der Steuerungsinstrumente nicht weiter auf. Das liegt daran, dass das Zustandekommen der Anforderungsdiagramme und Personalportfolios während ihrer alltäglichen Handhabung nicht hinterfragt wird. Die Zahlen- und Diagrammherstellung bleibt „verschlossen", sie wird im Normalfall nicht mehr „ausgefaltet" und nachvollzogen. Der Clou der Entscheidungsvorbereitung durch automatisierte Visualisierungen liegt ja gerade darin, dass die Überprüfung der Zahlen entbehrlich wird. Sie eignen sich deshalb als Steuerungsinstrumente, weil für die „richtige" Entscheidungsfindung nur ein Blick auf die Diagrammpunkte, nicht aber auf die dahinterliegende Zahlenmenge erforderlich ist. Dass diese abkürzende, Zahlen nur noch im Hintergrund mitlaufen lassende Funktionsweise der Instrumente auch mikropolitisch von Bedeutung ist, belegt das schon erwähnte Taktieren der Projektteilnehmer gegenüber dem Betriebsrat. Es wird als konfliktträchtig antizipiert, die Berechnungswege der Instrumente offenzulegen. Deshalb versucht man, zusätzlichen Entscheidungen über die Details und die Funktionsweise der Instrumente seitens des Betriebsrates vorzubeugen: „Die Gewichtungen legen wir hier fest und klappen sie danach nicht mehr auf" (Unternehmen B, Workshop 2). Die im Workshop entschiedenen Zahlen sollen anschließend hinter den Visualisierungen und automatisierten Verrechnungen verborgen bleiben.

Die mit den Instrumenten geschaffenen Entscheidungsgrundlagen geben somit ein sehr selektives, tendenziell artifizielles Bild des Personals wieder. Sichtbar werden einzelne, aus einem verborgenen Datensatz hervorgehende Punkte. Der genaue Bezug auf die Mitarbeiter tritt schon im Erstellungsprozess, sicher aber im Gebrauch der

Instrumente mehr und mehr zurück. Diese Reduktionsleistung erscheint jedoch als entscheidungsförderlich. Sie erschwert den Durchblick auf das Zustandekommen der in den Visualisierungen symbolisierten Entscheidungsdirektiven ebenso wie auf die betroffenen Mitglieder. Die Instrumente sorgen deshalb nicht für mehr Transparenz, sondern bieten eine Umgangsmöglichkeit mit Komplexitätsüberschüssen und Intransparenz. Im Hinblick auf Personalfragen ist das freilich nicht rational im Sinne der Zweck-Mittel-Optimierung, aber gleichwohl hilfreich, um zu Entscheidungen zu gelangen. Denn „by making some things visible and other things not, an organisation can strive to exclude particular visibilities from the official organisational agenda" (Hopwood 1990, S. 9). Die Berechnungen können ebenso wie genauere Erkundungen bei Entscheidungsprozessen außen vor gelassen werden. Die am Erstellungsprozess der Instrumente Beteiligten können dann durchaus als „part of a much broader process of reality construction, producing partial and rather one-sided views of reality" (Morgan 1988, S. 477) beschrieben werden. Und gerade weil die Instrumente sich kaum noch auf den erlebten Alltag der Mitglieder zurückbeziehen lassen, ist es nicht leicht, die entnommenen Informationen durch andersartige, konkrete Erfahrungen zu widerlegen (vgl. Vollmer 2004, S. 457). Die Kontingenz der Zahlen und Berechnungen bleibt folglich verborgen. Die Beteiligten unterstellen im weiteren Projektverlauf, dass den Anforderungsdiagrammen und Personalportfolios belastbare Zahlen und vertrauenswürdige Auswertungsverfahren zugrunde liegen, die man jederzeit nachprüfen könnte – und es darum unterlässt. So generieren die Unternehmen mit den Instrumenten Entscheidungsgrundlagen, die trotz oder gerade wegen der darin eingelassenen Willkür nicht weiter hinterfragt werden. Es entstehen Bewertungsfolien mit dem Potenzial, Personalentscheidungen anhand zahlenbasierter Kriterien vorauszuplanen und vorzubestimmen.

Mit diesen wirklichkeitsstiftenden und entscheidungsweisenden Mechanismen implizieren die Instrumente aber auch grundsätzlich, dass Personalentscheidungen vom Personalmanagement abhängen. Die auf „bessere Personalplanung" und „bedarfsgeleiteten Personaleinsatz" abzielende Begründung und Legitimation der Steuerungsinstrumente unterstellt, dass Stellenbesetzungen und Versetzungen sowie Austritte und Entwicklungsmaßnahmen so stattfinden, wie die Instrumente sie anzeigen. Man geht davon aus, dass sich die Organisation an die zahlengeleiteten Entscheidungsdirektiven hält. Alle Planung erschiene sonst auf den ersten Blick unsinnig. Dass die in den Instrumenten nahegelegten Personalbewegungen auch stattfinden, bedeutet aber, dass die erforderlichen Personalentscheidungen ihre leitenden Kriterien aus dem Personalmanagement beziehen. Die im Personalbereich befüllten und in Gang gesetzten Kalkulationen würden somit darüber bestimmen, wer wann versetzt, in eine Entwicklungsmaßnahme geschickt, eingestellt oder ausgeschlossen wird. Die Personalentscheidungen würden vom Personalmanagement gesteuert. Die Befugnisse des Personalmanagements müssten neu festgelegt und dabei ausgedehnt werden, um die Instrumente wirkungsvoll nutzen zu können, fordert ein betroffener Personalmanager: „Andere Aufgaben erfordern auch andere Befugnisse – was das Personalmanagement jetzt leisten soll, muss es auch können" (Unternehmen B, Workshop 3). Auch Anthony Hopwood (1984, S. 178) bestätigt, dass die Einrichtung von Rechen- und Kalkulationssystemen die Entscheidungsbefugnisse in Organisationen verschieben kann: „The process of organising is not invariant to the accounting of it. Different investments in accounting do have the potential to enable different decisions to be made by different people in different parts of the organisation."

Es ist jedoch zu bezweifeln, dass die Konsequenzen der Steuerungsinstrumente in den beobachteten Organisationen so weit vorausgesehen werden. Man verspricht sich erst einmal eine Verbesserung der Personalarbeit, sieht aber nicht voraus, dass die Personalmanager, um Personalkalkulation sinnvoll betreiben und entsprechende Personalbewegungen ableiten zu können, weitreichende Eingriffsund Entscheidungsmöglichkeiten erhalten müssten. Ihre aus den Instrumenten gewonnenen Direktiven für richtige Stellenbesetzungen müssten zumindest ernst genommen, wenn nicht für verbindlich erklärt werden. Es ist zu beobachten, dass derlei ausufernde Folgen in den Organisationen mit der Einführung der Instrumente nicht beabsichtigt werden. Bereichs- und Teamleiter wären einigermaßen überrascht, wenn die Personalmanager ihnen Vorschläge oder sogar Vorschriften für personelle Änderungen in ihren Bereichen bzw. Teams machten mit dem Hinweis, diese Entscheidungen seien auf Basis der Personaldaten berechnet, bezögen sich insofern auf objektive Kriterien und seien als verbindlich anzusehen. Rechen- und Kalkulationssysteme können „plötzlich" solche unbeabsichtigten Konsequenzen nahelegen, wenn ihre Umsetzung nicht im Voraus bis ins kleinste Detail durchgeplant wurde: „an ambiguous rhetoric can enable a partially independent accounting to shape quite important features of organisational life in ways which might not have entered into its original justification" (Hopwood 1984, S. 178).

Stefan Kühl (2006a) hat solche drohenden Entscheidungsverlagerungen ins Personalmanagement am Beispiel sogenannter „Personalentwicklungszyklen" untersucht. Mit der Einrichtung von Kreisläufen zwischen Diagnostik, Maßnahmenplanung, Intervention und Fortschrittsevaluation geraten die Mitglieder peu à peu in systematische Betreuungsverhältnisse zur Personalentwicklung. Die Personalentwicklung wird damit vom punktuell und bei Bedarf in Erscheinung tretenden Maßnahmenbeschaffer zum Dauer- und Rundumbegleiter der Mitarbeiter während ihrer gesamten Tätigkeit in der betreffenden Organisation. Die Personalentwicklung, ein bis dahin eher marginaler Arbeitsbereich, gewinnt so eine neuartige Bedeutung für das Unternehmen. Die Personalentwickler erhalten neue Einflussmöglichkeiten, mit denen umzugehen ihnen nach Kühl nicht leicht fällt.

Fraglich ist, ob auch mit der Etablierung der hier untersuchten Steuerungsinstrumente ein zunehmender Einfluss der Personalmanager auf Personalentscheidungen einhergeht. Werden die Instrumente in den Unternehmen tatsächlich zu verbindlichen Entscheidungswegweisern? Mit dem Anspruch auf Personalsteuerung und vorausschauende Personalplanung wird eine solche Verbindlichkeit impliziert. Würden die Auswertungen und Planungen nicht entscheidungsrelevant, wären zumindest diese offiziell mit ihnen verfolgten Ziele ad absurdum geführt. Wozu sollte man Personalbewegungen mit Instrumenten planen, wenn von dieser Planung keine Verbindlichkeit ausgeht? Wozu die kompakten Vergleichsmöglichkeiten einrichten und betreiben, wenn sie bei Stellenbesetzungen gar keine Beachtung fänden? Nimmt man die etablierten Steuerungsinstrumente ernst, wäre also eine Steigerung der Einflussmöglichkeiten des Personalmanagements auf Personalentscheidungen zu erwarten.

Die Verteilung von Einflussmöglichkeiten auf Personalentscheidungen gilt in den beobachteten Unternehmen nun als einigermaßen heikle Frage, die vorzugsweise vermieden oder aber im Verdeckten besprochen wird. Man befürchtet Auseinandersetzungen und Konflikte in der Organisation, wenn auch nur angesprochen wird, wer zukünftig Personalentscheidungen trifft. Revier- und Machtkämpfe erscheinen den Unternehmensvertretern vorprogrammiert. Ein Vorstandsmitglied eines Unternehmens nimmt der Besprechung der Steuerungsinstrumente beispielsweise vorweg, die „Aufgabenteilung und Rollentrennung zwischen Personalmanagement und Führungskräften" sei besonders wichtig. Es dürfe nie in Zweifel gezogen werden, „wer was tun muss" „um späteren Clinch zu vermeiden" (Unternehmen A, Workshop 2).

Die Ursache für die Sensibilität der Einflussverteilung in Personalfragen ist nach einschlägigen soziologischen Vorarbeiten in der Motivationswirkung karriererelevanter Personalentscheidungen zu sehen. Die Karriere einer Person bringt ihre vergangenen, gegenwärtigen und potenziellen zukünftigen Stellen in einen Zusammenhang. Die Person kann sich anhand ihrer ehemaligen und aktuellen Positionen sowie ihrer Aussichten auf weitere Positionen identifizieren bzw. identifiziert werden. Die identifizierende Aufreihung dieser Errungenschaften wird als Karriere bezeichnet (vgl. Luhmann 2000, S. 297). Die durchlaufenen Karrierestufen werden als Erfolge bzw. als Misserfolge ausgelegt. Die Karriere gibt somit Auskunft darüber, welche Jobs ein Mitarbeiter schon durchlaufen hat, wie seine verschiedenen Positionen aufeinander aufbauen und welche beruflichen Zukunftsaussichten sich daraus ergeben. Daraus aber folgt, dass Karriereaussichten in Organisationen sehr wichtig werden, um die Mitglieder zu motivieren. Mit Karriereversprechen können die Mitglieder zu besonders hohem Engagement gebracht werden. Renate Mayntz (1973, S. 150) beschreibt diesen Effekt anhand von Beförderungen im öffentlichen Dienst als „Anreizwirkung". Die Aussicht auf Beförderungen motiviert demnach die Bediensteten zu anforderungsgerechtem Verhalten.

Niklas Luhmann (1988, S. 104ff.) hat diesen Gedanken mit seiner Unterscheidung von Personal- und Organisationsmacht noch weiter getrieben. Im Gegensatz zur Organisationsmacht, die sich „auf die Mitgliedschaft im ganzen" (Luhmann 1988, S. 105) bezieht, also auf die Entscheidung referiert, ob eine Person überhaupt Mitglied ist, speist sich die Personalmacht aus der Einflussmöglichkeit auf die Karrieren der Mitarbeiter. Die Mitgliedschaft im Allgemeinen ist erst einmal pauschal, unabhängig von der besetzten Stelle, attraktiv. Man ist Mitglied, weil man eine entsprechende Vergütung erhält. Solange man den formalen Anforderungen gerecht wird, bleibt das auch so. Man muss sich nicht überanstrengen, um Mitglied zu bleiben; und umgekehrt kann die Organisation nicht ständig mit dem Rausschmiss drohen, um einen über den Anforderungen liegenden Einsatz der Mitarbeiter zu erzwingen. Die an der Mitgliedschaftsfrage hängende Organisationsmacht eignet sich deshalb nicht, um das Personal zu außergewöhnlichen Anstrengungen anzuheizen. Anders die Personalmacht, die an Dispositionsmöglichkeiten über Stellenbesetzungen hängt. Da unterstellt werden kann, dass die Mitglieder an höheren Positionen interessiert sind, um ihre Karrieren zu fördern, können Beförderungen und Beförderungsblockaden benutzt werden, um sie zu besonderer Leistung anzuspornen. Aus genau diesem Grund liegen Karriereentscheidungen typischerweise beim direkten Vorgesetzten. Über Stellenaussichten hat er seine Untergebenen viel besser und umfassender im Griff, als wenn er nur mit der Mitgliedschaftsfrage auf formale Anforderungen pochen könnte.

Die Konstruktion zahlenbasierter Entscheidungsdirektiven im Personalmanagement stellt die Verortung der Personalmacht bei den Führungskräften jedoch infrage. Damit die Steuerungsinstrumente ihren offiziell ausgegebenen Zweck, zahlenabhängige Platzierungen und Versetzungen des Personals in der Organisation, erfüllen, wäre es erforderlich, Personalentscheidungen an die Instrumenten-Outputs zu koppeln. In zahlreichen beobachteten Situationen ist dieses Erfordernis einer Verschiebung der Personalmacht hin zum spezialisierten Personalmanagement mit seinen Berechnungen und Portfolios greifbar. So wird von den Beratern eine neuartige Integration der Personalmanager in die Geschäfts- und Führungsprozesse der anderen Abteilungen angeraten, um die erforderlichen Daten zu erheben und die errechneten Unterschiede und Rangfolgen zwischen den Mitarbeitern zurückzuspielen; innerhalb der Diskussion um das Personalentwicklungsangebot verlangt ein Personalleiter konkrete Befugnisse, seine Maßnahmenableitung aus den Instrumenten verbindlich in den Bereichen umzusetzen; ein Bereichsleiter äußert sein Verständnis des mit Instrumenten steuernden Personalmanagements, das nun wohl „vom administrativen Dienstleister zum Player und Entscheider zwischen den Bereichen" werden solle (vgl. Unternehmen A, Workshop 2). Die Personalmanager eines anderen Unternehmens können sich erst nach längerer und umfangreicher Ermutigung und Kritik durch ein Vorstandsmitglied und die Berater zu dem Statement durchringen, sie gingen jetzt „zum Angriff über" und würden vom Abwickler und Begleiter zum „Entscheidungsträger für alle Personalangelegenheiten" (vgl. Unternehmen B, Workshop 1).

Wenn Karriereentscheidungen aber in diesem Sinne dem Personalmanagement übertragen werden, um sie mittels Steuerungsinstrumenten von Potenzialen und Leistungen der betroffenen Mitarbeiter abhängig zu machen, verlieren die Führungskräfte der anderen Bereiche ein ziemlich wichtiges Führungs- und Motivationsmittel. Bisher kann jeder Bereichsleiter Beförderungen andeuten und in Aussicht stellen, die allein von seiner Personalmacht abhängen. Die Mitarbeiter können sich selbst ohne solche Verheißungen bei ihren Aufgaben besonders ins Zeug legen, um bei nächster Gelegenheit auf die Erinnerung des Chefs an ihren auffälligen Arbeitseifer zu hoffen und vielleicht sogar zu appellieren. Diese Mechanismen würden mit der verbindlichen Umstellung auf dezentrale, zahlenbasierte Personalkalkulationen geschwächt, wenn nicht zerstört. Personalentscheidungen würden von zahlreichen und hinter Visualisierungen undurchschaubar gewordenen Vorentscheidungen über Zahlen abhängig gemacht. Anforderungsniveaus und unzählige, womöglich sogar gewichtete Kompetenzbeurteilungen, Kompetenzprofile und Vertriebskennziffern würden zu einem Ergebnis verrechnet, das die endgültige Personalentscheidung festlegt. Unabhängig davon, ob und wie sich eine besondere Anstrengung des Personals noch in den Auswertungen niederschlagen würde, verlören Personalentscheidungen jene unmittelbare Antizipierbarkeit, die ihre Verwendung als Machtquelle und Motivationsmittel der Führungskraft erst ermöglicht und nahelegt. Für den Vorgesetzten wäre es dann ungleich schwieriger, mit Beförderungschancen zu besonderer Leistung anzuspornen, und für den Untergebenen würde im Extremfall sogar „ersichtlich, daß nicht ersichtlich ist, wie sich positive bzw. negative Einstellungen des Vorgesetzten auf seine Karriere auswirken werden" (Luhmann 1988, S. 107). Der Betroffene könnte nur noch schwer absehen, ob und wie sich sein Verhalten dem Chef gegenüber auf Personalentscheidungen auswirkt. Die Möglichkeit, nicht formalisierbare Leistungen durch das Schüren von Patronageerwartungen zu motivieren, ginge demnach bei konsequenter Umsetzung der Steuerungsinstrumente verloren. Die Frage ist nur, ob sich eine Organisation diesen Verlust leisten kann.

Zunächst bliebe den Führungskräften noch ein kleiner Rest an Einfluss auf Personalentscheidungen selbst dann, wenn sie formal von ihnen abgezogen und ins Personalmanagement mit seinen Instrumenten verlagert würden. Selbst wenn sie offiziell nicht mehr zuständig wären, könnten sie die aus der Datenauswertung hervorgehende Entscheidungsanweisung noch in ihrem Sinne manipulieren und Entscheidungen nach ihrem Geschmack zu provozieren versuchen. Dies wäre etwa möglich, indem der Vorgesetzte die Beurteilungen seiner Mitarbeiter mit entsprechenden Zahlen versieht, die auf eindeutige, gewünschte Entscheidungen hinwirken (vgl. Luhmann 1988, S. 106f.) – denn diese Zahlen fließen ja in die Steuerungsinstrumente ein. „Was als Ausgrenzung von Willkür angelegt war, wirkt letztendlich doch nur als Umlagerung und Restrukturierung von Willkür" (Luhmann 2000, S. 294). Wenn aber – wie in den beobachteten Implementierungsprozessen angedacht – Gewichtungen für Einzelkriterien der Personalentscheidung festgelegt werden, die für den Vorgesetzten nicht mehr überblickbar sind, kann er seine Beurteilungen in der Tat nicht mehr mit Gewissheit auf bestimmte Auswertungen, die die erwünschte Personalentscheidung anzeigen, hinlenken. Als Motivationsmittel würden Personalentscheidungen dann weitgehend unbrauchbar. Sie könnten weder vom Untergebenen antizipiert noch vom Vorgesetzten angedeutet werden und verlören ihre Eignung als Machtquellen, weil ihr Einsatz als Karrierehebel oder -bremse nicht mehr gezielt und willkürlich gehandhabt werden könnte.

Als letztes Mittel bliebe den Führungskräften freilich noch eine Manipulation der formalen Erwartungen an den Mitarbeiter. Der Vorgesetzte könnte die abverlangten Aufgaben in einer Weise hochschrauben oder verschieben, dass eine Personalentscheidung die unausweichliche Folge wäre, weil sich der Mitarbeiter diesen Erwartungen nicht offen widersetzen kann, ohne unumgängliche Personalentscheidungen hervorzurufen. Der Vorgesetzte könnte „im Rahmen seiner Formalisierungskompetenz die Arbeitssituation so gestalten, dass Personalentscheidungen eine nahezu unausweichliche Folge sind" (Luhmann 1976, S. 216) und die Personalmanager auch mit ihren Datenauswertungen nicht mehr wirkungsvoll dagegenhalten können. Diese Variante würde allerdings deshalb nicht vollends aufgehen, weil die Führungskraft für die Mitarbeiter nicht mehr als zuständiger Entscheidungsträger erschiene. Als Motivationsmittel wäre die Personalmacht des Vorgesetzten in jedem Fall dahin, selbst wenn er hinter den Kulissen versuchte, die ausschlaggebenden Manipulationsmöglichkeiten herauszufinden.

Die Willkür der Führungskräfte würde mit der Steuerung der Personalentscheidungen durch Instrumente jedoch nicht unbedingt behoben. Sie würde lediglich in einen zunehmend undurchschaubaren Raum des Testens von Manipulationsmöglichkeiten abgedrängt. Allein das offene Andeuten und Zurückhalten von Personalentscheidungen zum Leistungsanreiz verlöre seinen Sinn. Die betroffenen Führungskräfte aber sähen sich ihrerseits nach wie vor dem Verdacht willkürlicher Manipulationen durch ihre Untergebenen ausgesetzt – selbst wenn sie diese

Manipulationen nicht mehr wie Zuckerbrot und Peitsche einsetzen könnten. Die Zurechnung der Personalentscheidungen durch die betroffenen Mitglieder würde kaum bei den Steuerungsinstrumenten der Personalmanager enden, sondern nach wie vor auf die vorgesetzten Führungskräfte zielen. Ihnen würde von unten ein Ermessensspielraum unterstellt, selbst wenn niemand, Personalmanager und Führungskräfte eingeschlossen, mehr genau durchblickt, welche Regeln in diesem Spielraum zu beachten sind. „In jedem Falle und in jeder Organisation kommt es […] zu einer Überlagerung des ,rationalen' Personalmanagements durch ein Patronagenetz. Wie Entscheidungen ,wirklich' zustandekommen, kann man nicht feststellen. Also zählen und wirken Vermutungen. Jeder ist daher wohlberaten, wenn er sich so verhält als ob es Patronage gäbe" (Luhmann 2000, S. 295).

Die Zahlen der Steuerungsinstrumente aber würden unterdessen beliebiger und intransparenter denn je. Nicht nur im Implementierungsprozess kommt es zu fragwürdigen Zahlenkonstruktionen, sondern nun stünden auch die Zahlenlieferungen des Vorgesetzten unter generellem Manipulationsverdacht. Man darf deshalb bezweifeln, dass die mit den Instrumenten suggerierte und angestrebte Neutralität von Personalentscheidungen auf diesem Weg erreicht werden kann. Für die Betroffenen dürfte der Willküreindruck auch durch noch so große Mühen der Projektteilnehmer doch nicht abgemildert werden. Wenn die Personalentscheidungen nicht länger mehr oder weniger offen vom direkten Vorgesetzten als Motivationsmittel eingesetzt, sondern mit von Managern und Beratern hinter verschlossenen Türen festgelegten Berechnungsformeln bestimmt werden, würde der Eindruck der Beliebigkeit bei den Betroffenen eher verstärkt. Es entsteht jener informale Klatsch der Mitarbeiter über Karriereplanungen, der sich für sie wiederum in neuen, ungeplanten Handlungsmotiven niederschlägt: „Je systematischer der geplante Zugriff, desto größer der Anreiz, die daraus resultierende Zufälligkeit durch lokale Spekulation über Chancen und Hindernisse in Kognitionen und Motive umzusetzen" (Luhmann 2000, S. 301).

Die Verantwortlichen würden demnach ohnehin der Willkürentscheidung in Personalfragen bezichtigt, unabhängig davon, welcher Bereichsleiter und welches Instrument auf die Entscheidung Einfluss nimmt. Im Gegensatz zum Personalmanagement ist der Bereichsleiter für solche Vorwürfe eine dankbare Adresse, kennt er doch die betroffenen Mitarbeiter und ihre Ambitionen persönlich statt nur als Punkt im Diagramm. Schon die Zurechnung von Willkür durch ihre Untergebenen dürfte daher die Führungskräfte veranlassen, die Personalmacht nicht ohne weiteres abzutreten. Auch die Anreizfunktion von Karriereentscheidungen spricht aus der Sicht der Führungskräfte dagegen, sich auf die Bindungswirkung der Steuerungsinstrumente einzulassen.

Immerhin bleiben auch die Führungskräfte ihren eigenen Vorgesetzten – die Teamleiter den Bereichsleitern und die Bereichsleiter dem Vorstand – gegenüber für ihre jeweiligen Einzugsbereiche verantwortlich. Keine Führungskraft könnte sich bezüglich schlechter Leistungen ihrer Organisationseinheit dadurch aus der Affäre ziehen, dass sie auf Fehlbesetzungen verweist, die ihr vom Personalmanagement diktiert bzw. vom Personalmanagement direkt veranlasst wurden (vgl. Kühl 2002, S. 80). Sofern die Organisation hierarchisch strukturiert bleibt – und davon ist bei allen Reformbemühungen in Unternehmen ohne weiteres auszugehen – würde man von ihr gegenläufige Eingriffe, ein Gegensteuern gegen Fehlentwicklungen in ihrem Bereich erwarten. Dass das Personalmanagement den Mitarbeiterstamm steuert und ihr deshalb in Personalfragen die Hände gebunden sind, würde als Entschuldigung kaum akzeptiert. Die Führungskräfte würden für eventuelle unliebsame Folgen der im Personalbereich errechneten Personalentscheidungen zur Rechenschaft gezogen. Sie würden an Entscheidungen gemessen, die an anderer Stelle gesteuert werden, und für Entscheidungen verantwortlich gemacht, die gar nicht mehr in ihrer Macht lägen. Es entstünde eine Diskrepanz zwischen der nicht nur von den Untergebenen, sondern auch von den eigenen Vorgesetzten zugerechneten Verantwortlichkeit und den realen Handlungsmöglichkeiten der Führungskräfte. Es ist nachvollziehbar, dass die Führungskräfte sich unter diesen Umständen nicht mit der Bindung von Personalentscheidungen an die Steuerungsinstrumente anfreunden können.

Schließlich ist daran zu denken, dass Einflussmöglichkeiten auf Personalentscheidungen für die Vorgesetzten auch zum Motiv ihrer eigenen Karriereplanung werden (vgl. Luhmann 2000, S. 300). Die Führungskräfte werden nicht nur an den Leistungen ihrer je eigenen Bereiche gemessen, sondern ihre Personalmacht ist schon als solche karriereträchtig. Es macht sich mit Blick auf zukünftige Karrierestationen gut, Personalentscheidungen selbst zu treffen – und nicht nur von anderer Stelle zu übernehmen. Mitarbeiterführung, die auch und vor allem die eigenverantwortliche Disposition über die untergebenen Stellen beinhaltet, kann schnell zum Pluspunkt auf dem eigenen Weg der Führungskraft nach oben werden.

All diese Motive führen dazu, dass die beobachteten Vorgesetzten sich die Personalmacht nicht streitig machen lassen. Für die Personalinstrumente werden dann schleunigst Ersatzerklärungen angefertigt. Die in ihrem Anspruch implizierte Bindungswirkung bezüglich Personalentscheidungen wird nachträglich negiert. An diesem „Rückzug" der Instrumente aus Karrieredispositionen wirken auch die Personalmanager selbst tatkräftig mit. Sie scheuen sich vor der ihnen zugedachten Aufgabe, Personalbewegungen für die Führungskräfte verbindlich vorzuentscheiden. Gemeinsam mit Vorstandsmitgliedern und anderen Führungskräften steuern sie zum Ende des Implementierungsprozesses darauf hin, die mit ihren Instrumenten angefertigte Personalsteuerung für formal unverbindlich zu erklären.

Dies wird zum einen deutlich in den abschließenden Workshops zu den Steuerungsinstrumenten. Hier wenden die Personaler ein, dass die Führungskräfte die Berechnungen nicht nachverfolgen können, die von ihren im Mitarbeiterentwicklungsgespräch erfassten Beurteilungen zu den Auswertungen in Anforderungsdiagrammen, Personalportfolios und Nachfolgeplänen führen (vgl. Unternehmen B, Workshop 4). Im formalen Protokoll eines Workshops heißt es, die Berechnungen könnten „nicht während der Beurteilungsgesprächs [sic!] eingesetzt werden, weil Mitarbeiter und Führungskräfte das Bewertungsergebnis dann nicht direkt prüfen können" (Unternehmen B, Ergebnisprotokoll Workshop 4, S. 1). Die Instrumente, so die Personaler, könnten nur dann als Entscheidungsweisungen durchgesetzt werden, wenn den Bereichs- und Teamleitern deren Funktionsweise im Detail offengelegt werde. Ohne die Befürwortung der Führungskräfte seien die Instrumente nicht durchsetzbar. Deshalb sei eine Auseinandersetzung „bis zur letzten Gewichtung" unumgänglich. Die Steuerungsinstrumente müssten für die Vorgesetzten in den Bereichen absolut transparent und nachvollziehbar sein, um ihre Zustimmung zu finden. Erst dann würden sie verbindlich.

Diese eingeforderte Transparenz aber bedeutet lediglich, den Führungskräften die Funktionsweise und die Rechenwege der Werkzeuge so weit nachvollziehbar zu machen, dass ihnen unmissverständlich klar ist, welche ihrer Zahleninputs zu bestimmten Auswertungsoutputs führen. Was die Personalmanager in dieser Situation für unabdingbar halten, ist nichts anderes als ein so detaillierter Durchblick der Führungskräfte durch die Steuerungsinstrumente, dass ihnen die Herbeiführung beabsichtigter, vorherbestimmter Ergebnisse offensteht. Sie müssten die Berechnungen so weit durchschauen, dass sie die Auswertungen und die abgeleiteten Entscheidungsdirektiven mit ihren Zahlenlieferungen selbst bestimmen können. Es geht um den Vorbehalt einer effektiven Manipulationsmöglichkeit der Vorgesetzten. Die Forderung nach Transparenz der Instrumente für die Führungskräfte bedeutet: ihnen die Personalmacht zu überlassen und die Steuerungsinstrumente lediglich darüber zu legen. Die Steuerungsinstrumente wären dann von ihrem ursprünglichen Anspruch befreit, anhand quantifizierter Kriterien zu neutraleren Ergebnissen zu kommen und willkürliche Entscheidungen der Führungskräfte zu umgehen.

Aus der Perspektive der Führungskräfte ist freilich verständlich, dass jeder Vorgesetzte den ohnehin auf ihn zielenden Zuschreibungen von Verantwortlichkeit begegnen will, indem er die Personalmacht als Motivationsinstrument einsetzt. Ihm wird ohnehin untergeschoben, die Fäden der Personalentscheidungen in seinem Bereich gezogen zu haben. Also liegt es für ihn nahe, diese Manipulationsmöglichkeiten auch faktisch zu nutzen. Die Führungskraft kann ihre eigenen Entscheidungskriterien dann mehr oder weniger offenlegen und Beförderungen oder auch attraktive Entwicklungsangebote als Ansporn einsetzen. Zieht man der

Führungskraft diese Möglichkeit mit den Steuerungsinstrumenten ab, wird sie die Implementierung der Instrumente blockieren. Diese Haltung der Führungskräfte wird von den Personalmanagern schon im Vorhinein vorausgesehen. Deshalb stellen sie die Bedingung einer vollständigen Information der Führungskräfte über die Funktionsweisen und Rechenwege vor den Versuch, die Instrumente für verbindlich zu erklären.

Doch angesichts der Vielzahl der an verschiedenen Stellen und in verschiedenen Situationen eingeflochtenen Zahlen, die allesamt „irgendwie" in die Berechnungen und Auswertungen einfließen, scheint dieses Unterfangen doch zu unabsehbar und wenig erfolgversprechend zu sein. Schon das Beurteilungsformular, das die Vorgesetzten für ihre Untergebenen ausfüllen, wurde von fünf Urteilen zwischen 60 % und 140 % auf 27 solcher Bewertungen zu einzelnen Kompetenzen aufgestockt. Wenn nun auch noch 27 Kompetenzgewichte zu diesen 27 Kompetenzen einschließlich Berechnungen, zusätzlichen Kompetenzstufen, Vertriebsleistungen etc. in der Beurteilungssituation in Rechnung gestellt werden sollten, wäre kaum anzunehmen, dass die mit den Instrumenten erreichbare „neue Transparenz" die Führungskräfte überzeugt. Sie vom Nutzen und den Vorteilen der Steuerungsinstrumente zu überzeugen, erscheint den Personalmanagern als extrem schwieriges Unterfangen (vgl. Unternehmen B, Workshop 4).

Dies scheint für sie Anlass genug zu sein, mit dem Vorschlag, Personalbewegungen mit Steuerungsinstrumenten zu errechnen, „zurückzurudern". Die in den Instrumenten angelegte formale Verbindlichkeit wird zurückgerufen. Sie „werden nur für interne Auswertungen und Planungen im Personalmanagement" eingesetzt, wird auf nachdrücklichen Wunsch der Personalmanager festgehalten. „In der Dokumentation der Mitarbeiterbeurteilungen" werden die Berechnungsformeln hingegen „nicht verwendet" (Unternehmen B, Ergebnisprotokoll Workshop 4, S. 1). Die Berechnungen und Auswertungen werden nun im formal verbindlichen Handbuch der Instrumente als „das zentrale Element für fast alle wesentlichen Funktionen des Personalmanagements" beschrieben: „Das Anreizsystem, die Planung der Personalentwicklung und die Planung des qualitativen Personalbedarfs beruhen auf diesen Daten." Die Ergebnisse aber „werden der Führungskraft und dem Mitarbeiter auf Anfrage zur Verfügung gestellt und nur zur Personalentwicklungsplanung herangezogen." Die Steuerungsinstrumente „dienen internen Planungen und Auswertungen des Personalmanagements" und erfüllen für die Personalentscheidungen der Führungskraft nur „unterstützende Funktionen" (Unternehmen B, Dokument 10, S. 26ff.). Mit solchen Anweisungen im Handbuch wird formal verbindlich festgelegt, dass die Personalkalkulation mit den Steuerungsinstrumenten formal unverbindlich ist. Das Handbuch wird abschließend von der Unternehmensführung abgesegnet. Festgehalten wird, dass die Personalmanager zwar nach Kräften die nötigen Daten sammeln, Berechnungen und Auswertungen vornehmen und Personalbewegungen planen. Diese Planungen werden allerdings nur „auf Anfrage" weitergegeben. Sie sollen Entscheidungen nicht festlegen, sondern für die autonomen Entscheidungen der Führungskraft „unterstützende" Zuarbeiten hergeben.

Die Personaler werden mit diesen Festlegungen ohne reale Einflussmöglichkeiten und nur unter Vorbehalt an Personalentscheidungen beteiligt. Sie werden mit ihren Auswertungen nur dann in die Entscheidungsfindung einbezogen, wenn es von der zuständigen Führungskraft gewünscht wird. Das allerdings wird vor allem dann der Fall sein, wenn das Ergebnis einer offenen Personalfrage bereits feststeht. Die Beteiligung des Personalmanagements dient dann nicht der Einflussnahme auf die akute Personalentscheidung. Eher hilft seine Mitwirkung dabei, die Entscheidung nachträglich und nach außen hin zu legitimieren: Die Steuerungsinstrumente wurden für die Mitarbeiter gut sichtbar berücksichtigt. Diese Sichtbarkeit des Einsatzes vermeintlich neutraler Berechnungen schafft Akzeptanz. Wenn die Personalmanager ohne echte Eingriffsmöglichkeiten „unterstützend" an Personalentscheidungen mitwirken, kann nach außen hin dargestellt werden, dass sie beteiligt und die Instrumentenauswertungen berücksichtigt wurden. Von diesem Vorgehen kann sich die Führungskraft eine stärkere Anerkennung ihrer faktisch allein getroffenen Personalentscheidung im Unternehmen versprechen.

Die Undurchsichtigkeit der Instrumente dürfte der Führungskraft mit Blick auf die Akzeptanzerhöhung gerade recht sein. Wenn die Personalmanager nach außen hin sichtbar an der Entscheidung mitwirken und hierbei scheinbar eindeutige, aber eben nicht nachvollziehbare Berechnungen einbringen, wird die zurechenbare Verantwortung für die getroffene Personalentscheidung tendenziell diffus. Dem außen stehenden Beobachter ist nicht mehr klar, wer letztlich über die Stellenbesetzung entschieden hat. Pauschal vermutet er den Vorgesetzten. Diese Verantwortungsdiffusion kann, wenn sie auf die Willkürunterstellung der Untergebenen trifft, von der Führungskraft durchaus strategisch eingesetzt werden. Unpopuläre Entscheidungen können zumindest teilweise auf objektive und neutrale Auswertungen der Instrumente und die dafür verantwortlichen Personalmanager geschoben werden. Bei positiven, gern gesehenen Effekten kann die Führungskraft ihren eigenen Einfluss hingegen in den Vordergrund stellen.

Die faktische Entscheidung bleibt aber in jedem Fall der Führungskraft vorbehalten. Sollten die Instrumente nicht das gewünschte Ergebnis auswerfen, kann sie die Entscheidung zur alleinigen Bearbeitung zu sich zurücknehmen und die Personaler mit ihren Instrumenten wieder als unverbindlich ausklammern. Alfred Kieser (1994, S. 212) beschreibt diese Taktik anhand der Entscheidungsbeteiligung von untergeordneten Mitarbeitern: „Je mehr Betroffene zugelassen werden, desto aufwendiger gestalten sich Problemdefinition und -handhabung. Deshalb ist, wenn es um grundlegende Fragen wie etwa um die Gestaltung der umfassenden Organisationsstruktur geht, zu erwarten, daß der Kreis der Betroffenen erst dann erweitert wird, und auch nur um wenige Schlüsselpersonen, nachdem die Unternehmensleitung im Grundsatz weiß, was sie will. Die Zulassung von Betroffenen wird vorwiegend unter dem Aspekt der Akzeptanz durch Mitwirkung an der Detailplanung gesehen. Und sollten die Betroffenen in derartig begrenzten Entscheidungsarenen keinen Konsens finden, kann die Unternehmensleitung auf ihr einklagbares Weisungsrecht rekurrieren."

So wird auch im hier behandelten Sample die Entscheidungsherleitung nur unter Vorbehalt auf die Instrumente gestützt und insofern an die Personalmanager delegiert. Im Zweifelsfall ist die Führungskraft befugt, die Personalentscheidungen zu sich zurückzuholen und sie nach eigenen Vorstellungen zu treffen (vgl. Kühl 2002, S. 79). Die Instrumente sorgen für Akzeptanz, deshalb zieht man die Personaler hinzu; wenn das aber nicht zum passenden Ergebnis führt, kann man auch ohne weiteres anders entscheiden. Man dürfe die angestrebten Entscheidungen der Führungskräfte nicht anzweifeln, sonst fände man als Personalmanager auch für seine eigenen Vorschläge und Anmerkungen kein Gehör, heißt es im Workshop (vgl. Unternehmen B, Workshop 1). Ganz wichtig sei, den Führungskräften ihre „Führungsfreiheit" zu lassen. Nur unter dieser Voraussetzung würden sie überhaupt bereit sein, über die Berücksichtigung der Steuerungsinstrumente zu reden (vgl. Unternehmen B, Workshop 3). Die „Personalführung liegt eindeutig bei den Verantwortlichen in den Bereichen vor Ort" (Unternehmen B, Workshop 5), stellt ein Vorstandsmitglied fest.

Auch in Personalentwicklungsfragen müssen die Führungskräfte keine ernsthafte Einflussnahme der steuernden Personalmanager fürchten. Wie sich zum Ende des Projektes herausstellt, verfügt jede Führungskraft eigenständig über ein Budget für die Personalentwicklung ihres Bereiches. Sie kann das Geld nach eigenem Ermessen auf ihre Untergebenen verteilen. Vom Personalmanagement erwarte man lediglich passende Vorschläge, die die Führungskraft dann annehmen oder ablehnen könne. Ein Generalbevollmächtigter stellt sich die Zuordnung von Entwicklungsmaßnahmen „so vor, dass die Führungskraft beim Personalmanagement einkaufen geht. Das Personalmanagement stellt Kataloge bereit, gibt Empfehlungen und erläutert Preise" (Unternehmen B, Workshop 5). Auch jenes Vorstandsmitglied, das zu Beginn des Projektes noch die Abschaffung der Willkür der Führungskräfte als Ziel vorgab, beharrt nun darauf, dass die Personalentwicklungsbudgets „direkt bei den Führungskräften" liegen. Eine „zentrale Maßnahmenverwaltung im Personalmanagement ist jetzt nicht mehr gewollt – Maßnahmenauswahl und -planung sind Führungsaufgaben" (Unternehmen B, Workshop 5).[9]

Die Entscheidungsbefugnis über Karrierefragen, über Maßnahmen zur Qualifizierung der Mitglieder für eine Beförderung und über akute Stellenbesetzungen verbleibt demnach bei den Führungskräften. Für sie ist die Karriereförderung der Mitarbeiter freilich nur eine unter diversen Arbeitsaufgaben. Für die Personalmanager hingegen wird sie mit der Etablierung der Steuerungsinstrumente zum zentralen Anliegen (vgl. Kühl 2006a, S. 9f.). Das Interesse an der Umsetzung organisationsübergreifender Personalsteuerung ist daher im Personalmanagement ausgeprägt, für die Führungskräfte eher eine Nebensache. Letztere interessieren sich vor allem für die Stellenbesetzungen ihrer jeweils eigenen Bereiche, während das Personalmanagement das ganze Unternehmen mit den Steuerungsinstrumenten abzubilden und zu durchschauen versucht. So wird schließlich auch verständlich, dass die Einwände der Führungskräfte nicht prinzipiell gegen Instrumente zur Personalsteuerung, sondern erst im Hinblick auf konkrete Personalentscheidungen für wichtig und ausschlaggebend gehalten werden. Es kommt letztlich dazu, dass die Personalmanager unter Akzeptanz aller Führungskräfte die Personalbewegungen aller Bereiche zwar durchplanen, zu konkreten Personalentscheidungen jedoch allenfalls „unterstützend", was so viel heißt wie: wenn überhaupt, dann zusätzlich, nachträglich und zur Akzeptanzerzeugung, herangezogen werden.

---

9   Es ist für hohe Führungskräfte übrigens kein Problem, ihren früheren Aussagen zur Zielsetzung der Steuerungsinstrumente zu widersprechen. Sie haben mit ihrer Situationsauffassung „Vorfahrt" und verfügen über „praktische Kommunikationsprivilegien". Daher kann das Vorstandsmitglied den anderen Projektteilnehmern diktieren, wie die Steuerungsinstrumente in der Organisation angesetzt werden (vgl. Luhmann 1976, S. 157ff., 216f.) – auch wenn die Befugnisse dabei zurechtgerückt werden. Sein Kurswechsel bedarf im Sample nicht einmal einer Begründung.

Funktionen von Steuerungsinstrumenten in Organisationen

Entscheidungen über Stellenbesetzungen, Beförderungen, Versetzungen und Aufstiegsqualifikationen werden in den beobachteten Unternehmen von den Vorgesetzten der jeweiligen Mitarbeiter und Stellen getroffen. Die Steuerungsinstrumente werden nicht notwendigerweise und nicht einmal typischerweise als Wegweiser für „richtige" Entscheidungen herangezogen. Welche Kriterien bei den Personalentscheidungen der Unternehmen faktisch zum Tragen kommen, wird von den Instrumenten wahrscheinlich weder erfasst, noch wiedergegeben. Die in ihnen enthaltenen Planungen und Auswertungen beruhen auf einer Vorstellung von beruflichen Qualifizierungen, Erfolgen, Höherqualifizierungen und Aufstiegen, die Claus Offe (1977, S. 93ff.) als „Erfolgsstandard" bezeichnet und in Zweifel zieht. Die zugrundeliegende Vorstellung besagt, dass überdurchschnittliche Leistungen eines Mitarbeiters auf seiner aktuellen Stelle ihn für den Aufstieg zur nächsthöheren Position qualifizieren. Im Vergleich der Mitarbeiter anhand von Beurteilungen und Zielerreichungen im Vertrieb im Rahmen des Personalportfolios wird diese Vorstellung sehr deutlich. Wer außergewöhnlich gut – mindestens aber mit mehr als 100 % – beurteilt wird und gleichzeitig mehr als 100 % seiner vereinbarten Verkaufsziele erreicht, landet im rechten oberen Feld der „Outperformer". Er soll als potenzieller Beförderungskandidat angesehen werden. Auch die Kompetenzprofile unterstellen zum allergrößten Teil, dass die erforderlichen Kompetenzen mit steigender hierarchischer Position zwar gleich bleiben, aber kontinuierlich wichtiger werden. Wer seine Produktkenntnisse auf der Mitarbeiterebene voll ausspielt, eignet sich demnach zum Teamleiter, weil Produktkenntnisse für den Letzteren höher gewichtet, mit einer größeren Zahl versehen sind.

Eine solche Aufstiegsvorstellung widerspricht nach Offe jedoch den faktischen Karriereverläufen von Organisationsmitgliedern. Denn die Erwartungen zweier hierarchisch unterschiedlicher Stellen bauen nicht aufeinander auf, sondern verhalten sich diskontinuierlich zueinander. Je weniger sich aber die Anforderungen und Aufgaben der beiden vor- und nachgeordneten Stellen überschneiden, desto weniger eignet sich Erfolg in der niedrigeren Stelle als Nachweis für die Eignung des Stelleninhabers für eine Beförderung auf die höhere Position. „Je weniger sich [...] die Arbeitsaufgaben der Positionen A und B überschneiden, desto geringeren Wert hat »Erfolg in A« als Indikator für »Qualifikation für B«. [...] Je geringer die Kontinuität der Anforderungen zwischen den Positionen A und B ist, desto unzuverlässiger und damit sinnloser wird deshalb die erfolgsabhängige Beförderung" (Offe 1977, S. 94). Ein Mitglied, das sich im Sample auf der Ebene der Mitarbeiter befindet und dort zu den „Outperformern" zählt, sollte, so die mit den Instrumenten verbundene Vorstellung, in der Entwicklungs- und Nachfolgeplanung auf eine Beförderung zum Teamleiter vorbereitet werden. Die besten Teamleiter werden wiederum als vielversprechende Kandidaten für die Nachfolge ausscheidender Bereichsleiter ausgewiesen. Nur haben die Aufgaben, die diesen Mitarbeiter als Teamleiter erwarten würden, allenfalls wenig mit seinen aktuellen Tätigkeiten zu tun. Insofern ist die „Outperformance" des Mitarbeiters kein gutes Kriterium für die fragliche Beförderung. Der Teamleiter ist durch seine hohen Zahlen ebenso wenig vorbereitet auf die Erwartungen an einen Bereichsleiter.

Faktisch setzen sich deshalb andere Beförderungs- und Aufstiegskriterien durch. Mit Offe wäre an Kandidaten bestimmter Fachrichtungen, Angepasstheit an die Interessen der Vorgesetzten und „askriptive Merkmale" wie Alter, Geschlecht und Herkunft, aber auch Zugehörigkeiten zu fremden Organisationen wie Parteien, Vereinen oder auch Gewerkschaften zu denken. Sofern diese Kritik grundsätzlich zutrifft, sind die Steuerungsinstrumente nicht nur formal unverbindlich, sondern auch faktisch ungeeignet, Rekrutierungen und Aufstiege so zu planen, dass die Stelleninhaber ihre Anforderungen erfolgreich bewältigen können. Die Instrumente eignen sich in dieser Sichtweise gar nicht zur funktionalen Personalsteuerung, weil die in den Zahlen vorgesehenen Kontinuitäten zwischen niedrigeren und höheren Positionen in der Praxis keine Entsprechung haben. Die Führungskräfte hätten demzufolge allen Grund, den zahlenbasierten Auswertungen der Personalmanager nicht allzu viel Gewicht beizumessen. Sie wären besser beraten, sich auf eigene Erfahrungen sowohl mit Anforderungen als auch mit ihren Untergebenen zu stützen, wenn sie über Stellenbesetzungen entscheiden. Unabhängig davon werden die Steuerungsinstrumente fortlaufend mit Zahlen gefüllt und Auswertungen aus ihnen herausgezogen. Vielleicht werden sie zu Entscheidungsprozessen herangezogen, und vielleicht lässt sich damit die Plausibilität der unabhängig getroffenen Auswahl erhöhen und Akzeptanz bei Vorgesetzten, Kollegen und Untergebenen erreichen – oder zumindest darauf spekulieren. Doch die Instrumente scheinen als Entscheidungsdirektiven weder hilfreich, noch verbindlich zu sein.

Eine solche Verortung der Steuerungsinstrumente „neben" dem tatsächlichen Entscheidungsprozess passt zum Konzept der losen Kopplung (vgl. Weick 1976;

Orton und Weick 1990). Die Instrumente haben zwar etwas mit der Personalplanung und -steuerung zu tun, aber der vermeintliche Zugriff auf Personalentscheidungen wird nicht umgesetzt. Die Instrumente lassen die Entscheidungsfindung nicht völlig unberührt und sind von ihr nicht völlig unabhängig, aber sie hängen nicht linear oder gar kausal mit ihr zusammen. Die zu erwartende Rückwirkung von der Personalplanung mit Steuerungsinstrumenten auf Personalentscheidungen fehlt. Die Personalsteuerung im Personalmanagement und die Personalsteuerung in den Fachbereichen, so könnte man sagen, sind zwar miteinander „gekoppelt", sie beeinflussen sich wechselseitig. Diese Kopplung bleibt aber doch „lose", denn sie sind zugleich voneinander unabhängig und können unabhängig voneinander variieren. „The resulting image is a system that is simultaneously open and closed, indeterminate and rational, spontaneous and deliberate" (Orton und Weick 1990, S. 204). Die Errungenschaft des Modells loser Kopplung liegt in der Möglichkeit, Zusammenhänge und Unabhängigkeit, rationale Steuerung und Unbestimmtheit zwischen zwei Organisationsphänomenen zugleich zu denken. Es zielt auf „the image that coupled events are responsive, but that each also preserves its own identity and some evidents of its physical or logical seperateness [...] their attachment may be circumscribed, infrequent, weak in its mutual affects, unimportant, and/or slow to respond" (Weick 1976, S. 3). Die lose gekoppelten Organisationsphänomene stehen in keinem direkten Bezug zueinander, werden nur selektiv miteinander koordiniert und müssen daher nicht durchgehend miteinander kompatibel sein. Sie werden eben nicht als arbeitsteilige Mittel von einem übergeordneten Ziel abgeleitet und unter diesem Oberziel integriert, sondern laufen nebeneinander her, ohne dass ihre wechselseitigen Bedingungen und Implikationen streng durchgezogen und umgesetzt würden.

Betrachtet man das Verhältnis von instrumentenbasierter Personalsteuerung im Personalmanagement und Personalentscheidungen in den Bereichen als lose gekoppelt, dann erscheint es gangbar, den Anspruch auf umfassende Ableitung, Planung und Steuerung aller Personalbewegungen der Organisation mit der Einrichtung der Steuerungsinstrumente ins Personalmanagement einzupflanzen, andererseits aber weitgehend unabhängig von diesen Bemühungen über Karrieren zu entscheiden. Die Herausforderung besteht dann in der detaillierteren Beschreibung der Hinsichten und Beziehungen, in denen Steuerungsinstrumente und Entscheidungsfindung jeweils voneinander abhängig bzw. unabhängig sind. Erst diese Spezifizierung der „Gleichzeitigkeit" von Verknüpfung und Ablösung erlaubt es, die Funktionen der losen Kopplung für die Organisation zu beschreiben. Der Bezugspunkt, auf den hin eine solche funktionale Interpretation ausgelegt wird, ist ein Stabilitätsgewinn der Gesamtorganisation (vgl. Weick 1976, S. 6f.). Das Fehlen einer strikten Verknüpfung zwischen Steuerungsinstrumenten und Entscheidungsfindung sichert demnach den Erhalt der Organisation im Ganzen. Lokale Probleme in einzelnen Organisationsbereichen können isoliert und Durchschlagseffekte vermieden werden. Störungen werden vor Ort tiefenscharf behandelt. Andere Abteilungen und die Gesamtorganisation bleiben unterdessen unbeschadet (vgl. Luhmann 1991, S. 185f.). Diese Struktur macht die Organisation sensibel und ermöglicht ihr die gleichzeitige Anpassung auch an widersprüchliche Anforderungen.

Ein erster Aspekt, unter dem die lose Kopplung von Steuerungsbemühungen im Personalmanagement und Personalentscheidungen der Führungskräfte funktional erscheint, wurde bereits ausgeführt: Die Erhöhung der Akzeptanz von Personalentscheidungen. Wenn man annimmt, dass die Anforderungsdiagramme und Personalportfolios zur Vorherbestimmung unternehmerisch wünschenswerter Karrieren nicht geeignet sind, weil sie kontinuierliche Stellenanforderungen unterstellen, die im Arbeitsalltag eines Unternehmens nicht wiederzufinden sind, ist es erfolgsträchtiger, die Personalentscheidungen von der Führungskraft vornehmen zu lassen. Sie kann aufgrund ihrer unmittelbaren Erfahrung mit ihren Mitarbeitern wahrscheinlich besser einschätzen, wer sich als nächstes zum Teamleiter eignet. Hinzu kommt der Motivationsmechanismus, den sie mit Karriereaussichten ankurbeln kann. Allein um die Leistung ihres Bereiches aufzupolieren, braucht sie mehr Möglichkeiten, ihre Mitarbeiter anzuspornen, als die Mitgliedschaftsfrage. Denn für die Leistung ihres Bereiches ist sie gegenüber ihren eigenen Vorgesetzten verantwortlich, und davon hängen ihre eigenen Karrierechancen ab. Deshalb geben die Führungskräfte diese Entscheidungsbefugnisse nicht freiwillig aus der Hand. Die Vorstandsmitglieder und Personalmanager schrecken ihrerseits davor zurück, entsprechende Umstrukturierungen anzustoßen. Während der Vorstand wohl um die Motivation der Führungskräfte fürchten müsste, scheuen die Personalmanager den Konflikt. Das Verhalten der Vorstandsmitglieder zeigt, dass von dieser Seite nicht mit Unterstützung entsprechender Vorstöße zu rechnen wäre. Deshalb unterlässt man lieber jede offene Konfrontation. Sie hätte wenig Aussicht auf Erfolg und würde die organisationsinterne Stellung und das Ansehen der ohnehin etwas marginal angesiedelten Personalmanager noch weiter schwächen. Die Spielchancen der Personalmanager stehen zu schlecht, als dass sie den Einsatz wert wären. Wenn die Führungskräfte die Auswertungen der Steuerungsinstrumente auf freiwilliger und unverbindlicher Basis zu ihren Personalentscheidungen hinzuziehen, dürften damit weniger Hilfestellungen bei der Personalauswahl als Akzeptanzerhöhung und Verantwortungsdiffusion angepeilt werden.

Auf der anderen Seite ist der stabilisierende Effekt, der von der Etablierung der Steuerungsinstrumente für das Personalmanagement ausgeht, nicht zu unterschätzen. Er ist zu beobachten, obwohl die Instrumente als nur unverbindliche Kalkulationen enden. Trotz der fehlenden Durchgriffsmöglichkeiten auf Entscheidungen in den zentralen Abteilungen stärken die Steuerungsinstrumente die Stellung des Personalmanagements in den Unternehmen. Die Personalabteilung ist grundsätzlich als „Zuliefereinheit" für andere Organisationsbereiche konzipiert. Diese Vorstellung geht auf James D. Thompsons (1967, S. 11ff.) Organisationsmodell zurück. Thompson versucht, das klassische Zweckmodell der Organisation aufzulösen, indem er am Beispiel industrieller Produktionsbetriebe einen „technischen Kern" von „Gewährleistungsbereichen" unterscheidet. Der technische Kernbereich, der für die zentralen Produktionsvorgänge zuständig ist, müsste von Umweltproblemen unabhängig sein, um streng rational operieren zu können. Ressourcenzufuhr und Absatzfragen dürften ihn nicht tangieren, sonst wäre seine Rationalität dahin. Da aber keine Organisation auf die Bewältigung von Umweltunsicherheiten verzichten kann, erfordern die zentralen Produktionsabteilungen „Zulieferdienste", die die Bearbeitung der Umweltprobleme übernehmen. Folglich werden um den wertschöpfenden Produktionskern herum sogenannte Gewährleistungsbereiche angesiedelt, die Unsicherheiten von ihm fernhalten. Diese Gewährleistungsbereiche fungieren als Puffer für Umweltprobleme. Sie simulieren den wertschöpfenden Kernbereichen nach innen hin konstante Umweltbedingungen, damit sie reibungslos operieren können. Die Kernbereiche können sich auf ihr Hauptgeschäft konzentrieren, weil sie sich dank der Pufferleistungen der Gewährleistungsbereiche in Stabilität und Sicherheit wägen. „To maximize productivity of a manufacturing technology, the technical core must be able to operate as if the market will absorb the single kind of a product at a continuous rate, and as if inputs flowed continuously, at a steady state with specified quality. Conceivably both sets of conditions could occur; realistically they do not. But organizations reveal a variety of devices for approximating these ‚as if' assumptions, with input and output components meeting fluctuating environments and converting them into steady conditions for the technological core" (Thompson 1967, S. 20).

Man kann sich das Personalmanagement nun als solch einen Input-Puffer, als Gewährleistungsbereich vorstellen. Es sorgt für ein reibungsloses Operieren des wertschöpfenden Kernbereiches durch „recruitment of dissimilar personell and their conversion into reliable performers through training or indoctrination" (Thompson 1967, S. 20). Die Aufgabe des Personalmanagements besteht demnach darin, dem im Organisationskern stattfindenden Wertschöpfungsprozess genau so Personal zuzuführen, dass er optimal und unbeeinträchtigt weiterläuft. Es beschäftigt sich mit der Beschaffung und Herstellung der Entscheidungsprämisse Personal in genau der Weise, die in den Kernbereichen brauchbare Entscheidungen hervorbringt. Das Kerngeschäft läuft dann bestenfalls (nahezu) so glatt, als wäre das eingesetzte Personal eine konstante Größe.

Das Personalmanagement besetzt in der Organisation folglich eine relativ schwache Position. In den beobachteten Unternehmen ist das im Umgang der Führungskräfte mit den Personalmanagern spürbar. Die Personaler werden seitens der Abteilungsleiter vor allem als Dienstleister und Beschaffer von Entwicklungsmaßnahmen gesehen. Diese Rolle wird in den Unternehmen als eher unbedeutend eingeschätzt. Bei Neurekrutierungen gilt das Personalmanagement als eine Art administrativer Service, der die nötigen Ausschreibungen bewältigt, nur eine Vorauswahl aus den Bewerbern trifft, die Rahmenbedingungen des Auswahlprozesses organisiert und nach erfolgter Auswahl den Neuzugang verwaltet. Das Personalmanagement fungiert als Hilfsdienst für verwalterische Nebenaufgaben, und diese Sichtweise der Führungskräfte kann auf die Stellung des Personalmanagements als Gewährleistungsbereich zurückgeführt werden.

Das Personalmanagement steht deshalb konstant unter dem Verdacht, zu viel Aufwand für Nebensächlichkeiten zu erzeugen. Den Führungskräften der wertschöpfenden Kernbereiche erscheinen seine Tätigkeiten als verzichtbare oder zumindest reduzierbare Verwaltungsleistung. Daher stellt sich aus ihrer Sicht stets die Frage, ob Personalarbeit nicht auch „eine Nummer kleiner" geht. Außerdem liegt für sie der Gedanke nah, auch die Personalverwaltung direkt in den Fachbereichen abwickeln zu lassen. Da sie alle Entscheidungen ohnehin selber treffen, wäre es möglich, auch die anfallenden Verwaltungsaufgaben direkt vor Ort zu erledigen. Ob der Aufwand einer eigenen Abteilung für Personalmanagement lohnt, wird von manchen Führungskräften hinterfragt. Und da diese skeptische Haltung gegenüber den Personalern vorherrscht, neigen die Vorgesetzten im Sample umso mehr dazu, alle mit Personalentscheidungen verbundenen Aufgaben gleich an sich zu ziehen.

Die Etablierung von Steuerungsinstrumenten im Personalmanagement und die damit einhergehende Wertschöpfungssemantik können nun als Reaktionen auf die Infragestellung des Personalmanagements als Gewährleistungseinheit gesehen werden. Die Rede von Wertbeiträgen und Humankapital, von Ertragssteigerungen durch Human Capital Management und Antreibern des Unternehmens macht deutlich, dass sich die Personalmanager mit Unterstützung der Berater an den Behauptungsstrategien der wertschöpfenden Kernbereiche der Organisation versuchen. Auch der massenhafte Gebrauch von Zahlen und vor allem deren Verrechnung zu kennziffernähnlichen Endgrößen sowie die Darstellung in vermeintlich entscheidungsrelevanten Diagrammen können als Versuch, die bewährten Legitimationsmuster der anderen Abteilungen zu kopieren, eingeordnet werden. Die Instrumente werden in dieser Sichtweise aufgebaut und eingeführt, um die Daseinsberechtigung des Personalmanagements nachzuweisen. Die Berater appellieren in diesem Sinne an die Personalmanager, die Steuerungswerkzeuge mit ihren Berechnungen und Zahlenmassen für eine selbstbewusste Darstellung des

Personalmanagements im Unternehmen einzusetzen. Sie seien eine Möglichkeit, dem Vorstand und den Bereichsleitern die Arbeit und Bedeutung des Personalmanagements vorzuweisen und somit die eigene Rolle im Unternehmen zu festigen, heißt es: „zeigen Sie denen mal, was Sie machen und können – viel mehr als nur Personalkosten! Dazu haben Sie mit den Instrumenten jedenfalls eine Möglichkeit" (Unternehmen B, Workshop 4).

An der Beliebigkeit und Willkür der Zahlenerzeugung wird zwar deutlich, dass sich die abpuffernden Aufgaben der Personalverwaltung nicht in der gleichen Art quantifizieren lassen wie die Kernaufgaben der Vertriebsbereiche. Dort rechnet man mit Produktions- und Finanzkennziffern, und eine solche Zahlenverwendung fiele den Gewährleistungsbereichen schwer. Personalarbeit lässt sich nicht ohne weiteres mit Produktionsindikatoren oder Geldbeträgen durchrationalisieren. Gleichwohl setzt man auf die Aufmerksamkeit bindenden und Plausibilität versprechenden Quantifizierungen und Visualisierungen. Man belegt Kompetenzen und Leistungsniveaus mit Zahlen, die vielleicht nicht auf Geldbeträge, aber immerhin auf Prozentsätze hinauslaufen und somit Messbarkeit und Zielerreichungs-Rechnungen symbolisieren.

Die Bemühungen um durch vermeintlich objektive Messungen und Ist-Soll-Vergleiche fundiertes Human Capital Management geben dem Personalwesen also einen neuen Anstrich. Die Personalmanager erhalten eine Legitimationsgrundlage, mit der sie den Zweck wie auch eine zahlenförmige Grundlage ihrer Arbeit im Unternehmen präsentieren können. Ihr neuer Anspruch, wichtige immaterielle Ressourcen zu steuern, erhält mit den Instrumenten eine sicht- und greifbare Gestalt und zielt auf die Anerkennung anderer Führungskräfte. Damit können die Personalmanager ihre Arbeit zumindest ein Stück weit gegen Zweifel aus anderen Bereichen behaupten. Sie werden unabhängiger gegenüber „Nachfrageschwankungen" aus anderen Organisationseinheiten, weil der Bedarf für ihre Arbeit offenbar aus den Auswertungen hervorgeht. Die Aufgaben des Personalmanagements können so ein Stück weit verselbstständigt, auf Dauer gestellt und gegen Anfechtungen und Rationalisierungsversuche von außen geschützt werden. Die instrumentenbasierten Personalkalkulationen im Personalmanagement können somit nicht nur zur Erhöhung der Akzeptanz von Personalentscheidungen herangezogen werden. Sie sind auch dazu geeignet, die Stellung des Personalmanagements im Unternehmen abzusichern.

Die bisher erläuterten Funktionen der Steuerungsinstrumente zielen eher auf die Befriedigung gewisser Erwartungen im Unternehmen als auf die tatsächliche Kalkulation der abgebildeten Organisationsphänomene. Scheinbar eignen sich Zahlen, Berechnungen und Visualisierungen, um Dritte im Unternehmen zufriedenzustellen. Sie wirken in dieser Weise stabilisierend auf die Organisation. Die

Kalkulationen mindern interne Konflikte – aber nicht, indem sie Entscheidungen effektiv durchrechnen und damit auf eine neutrale Grundlage stellen, kanalisieren und vorbestimmen. Stattdessen versehen sie nicht zahlenförmig kalkulierte Personalentscheidungen und das Personalmanagement mit davon relativ unabhängigen, aber vorzeigbaren strategischen Planungsgrundlagen. Von den Zahlen, Berechnungen und Kalkulationen geht ein Befriedungseffekt für kritische Beobachter der betroffenen Strukturen und Prozesse aus. Sie dienen nicht der internen Kontrolle und Effizienzsteigerung, sondern stabilisieren durch Ruhigstellung potenzieller Kritiker.

John W. Meyer (1986) hat diese Legitimationsfunktion organisationaler Berechnungen im Rahmen der neo-institutionalistischen Organisationstheorie verallgemeinert. Quantifizierende Kalkulationen sind demnach als organisationsinterne Reaktionen auf Umweltanforderungen anstatt als Kontroll- und Steuerungsmechanismen interner Rationalisierung und Effizienzsteigerung zu sehen: „the amount of accounting done in an organization is less likely to reflect intrinsically necessary technical work processes than environmental constraints, resources, or opportunities" (Meyer 1986, S. 346). Das Aufkommen und die Durchsetzung quantifizierender Steuerungssysteme sind nicht originär mit einem Bedarf des Managements an Überblicks- und Lenkungsinstrumenten zu erklären. Vielmehr ist Accounting ein in der Umwelt schon vorgegebenes Muster, dessen Übernahme der Organisation Anerkennung und Legitimität verspricht. „Environments create organizational elements such as accounting and accountants, make it easy and necessary for organizations to use them, and treat organizations that have them as by definition more legitimate than others" (Meyer 1986, S. 346). Organisationen geraten folglich unter Druck, zahlenbasierte Steuerungssysteme zu implementieren. Es sind weniger die „lokalen" Umstände als externe Anforderungen, die quantifizierende Kalkulationen erforderlich machen. Sie werden ganz unabhängig von den internen Bedürfnissen der Organisation von Umweltakteuren und -instanzen verlangt. Kommt die Organisation diesen Anforderungen nach, wird sie durch Anerkennung und Legitimität belohnt, die gegebenenfalls stärker als interne Effizienz ihren Fortbestand sichern. Die Einrichtung von Steuerungsinstrumenten belegt dann für Außenstehende, dass die Organisation sich um Rationalität und Strategieumsetzung bemüht und ihre Erreichung mit anerkannten Controllingpraktiken überprüft. „The display of rational accounts may be orientated to those who ask questions of the organisation and seek to probe into its affairs from without" (Hopwood 1984, S. 183).

„Those who ask questions" werden im neo-institutionalistischen Erklärungsansatz außerhalb der Organisation verortet. Es geht, mit anderen Worten, um die „Schauseite der Organisation" (Luhmann 1976, S. 112), die speziell für Nichtmitglieder aufbereitet wird. Die bisherigen Einordnungen der Steuerungsinstrumente thematisieren die Akzeptanz jeweils anderer Mitglieder. Die Untergebenen und eigenen Vorgesetzten der Führungskraft erhalten eine plausible Erklärung für Personalentscheidungen; wertschöpfende Kernbereiche und die Organisationsspitze bekommen den Eindruck messbarer Ressourcensteuerung im Personalmanagement. Der neo-institutionalistische Erklärungsansatz legt nahe, den Legitimität stiftenden Effekt auf Außenstehende zu beziehen. Er lenkt den Blick auf die externen Umweltbeziehungen der Organisation. Genau wie für die bisher betrachteten Unternehmensangehörigen wäre es demnach von Bedeutung, gegenüber Außenstehenden ein plausibles Bild der Personalkalkulation aufzubauen. Es geht somit nicht mehr „nur" um interne Akzeptanz, sondern um Fragen, Erwartungen und Anforderungen an die Personalsteuerung, deren legitime Beantwortung die Organisation als Ganze betrifft.

Eine Form, in denen Legitimität versprechende Normen der Umwelt an die Organisation herangetragen werden, besteht in rechtlich verbindlichen Vorschriften (vgl. Meyer und Rowan 1977, S. 147f.). Behörden und Ämter erlassen Vorgaben und Regeln, erteilen Genehmigungen und Lizenzen, die im Organisationsalltag berücksichtigt werden müssen bzw. erforderlich sind. Der Legitimitätsgewinn der Organisation beruht dann auf rechtlicher Legalität. Würde sich die Organisation wiederholt oder dauerhaft solchen Anforderungen widersetzen, ginge sie damit das Risiko einer rechtlichen Anfechtung und Sanktionierung von außen ein. Um dies zu vermeiden, passt sie sich den an sie herangetragenen Erwartungen an, selbst wenn es keinen weiteren, internen Grund für die Bemühungen um Normentsprechung gibt. „Coercive isomorphism results from […] formal […] pressures exerted on organizations by other organizations on which they are dependent and by cultural expectations in the society within which organizations function. Such pressures may be felt as force, as persuasion, or as invitations to join in collusion" (DiMaggio und Powell 1983, S. 150).

Vor dem Hintergrund der Diskussion um „Intangible Assets" und Human- und Wissenskapital bemühen sich Organisationen beispielweise um die „Bilanzierung" ihrer Kompetenzen und ihres „intellektuellen Kapitals". Sie weisen diese Bemühungen mit für externe Interessenten aufbereiteten Berichten nach (vgl. Mouritsen et al. 2001). Diese Anstrengungen der Unternehmen könnten als Reaktionen auf verbindliche Anforderungen an die Berücksichtigung von „Intangible Assets" bei der Unternehmensbewertung (vgl. Hasebrook 2004, S. 313ff.; Heyse 2007, S. 20f.) interpretiert werden. Bei solchen Bemühungen werden zusätzliche Zahlen und Kennziffern eingesetzt und ausgewiesen, die für die Steuerbarkeit und Steuerung des „Humankapitals" stehen (vgl. Widener 2004, S. 394).

In einem beobachteten Unternehmen kann die Einrichtung der Steuerungsinstrumente vor diesem Hintergrund auch auf externe, für die Organisation rechtlich verbindliche Anforderungen bezogen werden. Die für das Unternehmen B zuständige

Aufsichtsbehörde formuliert in ihren Vorgaben zum Risikomanagement einige Ansprüche an das Personalmanagement der betroffenen Unternehmen (vgl. Unternehmen B, Dokument 8, S. 41). Die quantitative und qualitative Personalausstattung des Unternehmens habe sich an betrieblichen Erfordernissen, Geschäftsaktivitäten und der Risikosituation zu orientieren; die Mitarbeiter müssten abhängig von ihren Aufgaben und Verantwortlichkeiten über die erforderlichen Kompetenzen und Erfahrungen verfügen, weshalb durch geeignete Instrumente zu gewährleisten sei, dass die Qualifizierungs- und Kompetenzniveaus der Mitarbeiter angemessen sind; die Abwesenheit oder das Ausscheiden von Mitarbeitern sollten nicht zu nachhaltigen Störungen der Betriebsabläufe führen; die Vergütungs- und Anreizsysteme müssten schließlich den strategischen Zielen des Unternehmens entsprechen. Um die Einhaltung dieser Anforderungen in den betroffenen Unternehmen zu überprüfen, seien im Rahmen regelmäßig stattfindender Wirtschaftsprüfungen die Angemessenheit der Personalausstattung, die Nachhaltigkeit der Personalentwicklung und Ausbildung sowie die Mitarbeiterführung und Personalsteuerung zu berücksichtigen.

Ein solcher Revisionsprozess führt für das Unternehmen B zu verschiedenen verbindlichen Vorschlägen, Instrumente zur Personalsteuerung zu implementieren. Entsprechende Erwartungen werden durch die mit der Revision beauftragten Wirtschaftsprüfer an das Unternehmen herangetragen. Sie bemängeln nachdrücklich, dass das Personalmanagement keine quantifizierenden Personalkalkulationen vorweisen kann und empfehlen dringend, mit Personalplanungen nachzubessern, um Personalbewegungen besser absehen und für zukünftige Bedarfe vorsorgen zu können. Im Prüfungsbericht, der die Ergebnisse der Revision zusammenfasst, wird festgestellt, ein Personalbedarfsplan und ein darauf basierendes Personalentwicklungs- und Nachfolgekonzept sei nicht existent (vgl. Unternehmen B, Dokument 2, S. 1). Der vorhandene Stellenplan werde jeweils im Nachgang an die geänderten tatsächlichen Gegebenheiten angepasst. Er diene somit der Dokumentation der Stellenverteilung, nicht aber der Darstellung des Personalbedarfs (vgl. Unternehmen B, Dokument 2, S. 5). Auf der Ebene des Gesamtunternehmens finde weiterhin ein Abgleich zwischen Anforderungen und tatsächlichen Kompetenzniveaus der Mitarbeiter nicht statt (vgl. Unternehmen B, Dokument 2, S. 7). Auch der ihnen zugrundeliegende Anforderungskatalog sei ungeeignet (vgl. Unternehmen B, Dokument 2, S. 1). Als „Qualifizierungsmatrix" konzipiert, werde nahezu keine der enthaltenen Entwicklungsmaßnahmen mehr angeboten. Ein Vergleich mit dem Stellenplan belege, dass Anforderungskatalog und Stellenplan nicht aufeinander abgestimmt seien (vgl. Unternehmen B, Dokument 2, S. 5). Aus der Prüfung der vorgefundenen Instrumente und Prozesse ergäben sich zahlreiche Handlungsempfehlungen zur Effizienzsteigerung. Angeraten wird unter anderem, einen

Personalbedarfsplan und ein Entwicklungs- und Nachfolgekonzept auf der Ebene des Gesamtunternehmens zu erarbeiten, den vorhandenen Anforderungskatalog durch ein aktuelleres Instrumentarium zu ersetzen und auf dieser Basis die Anforderungsprofile zu überholen und die Personalbedarfsrechnung und -planung daran anzupassen (vgl. Unternehmen B, Dokument 2, S. 2, 5). Es werde empfohlen, die Kalkulationen in einer einheitlichen Datenbank zusammenzufassen und einen korrekten und aktuellen Datenbestand sicherzustellen (vgl. Unternehmen B, Dokument 2, S. 6).

Die genannten Anforderungen des Prüfungsberichtes werden im beobachteten Projektverlauf erst nach und nach thematisiert. Dabei wird immer deutlicher, dass die Personalmanager von der Organisationsspitze dafür verantwortlich gemacht wurden, für eine bevorstehende Widerholungsprüfung vorzusorgen. Es liegt an ihnen, bei der nächsten Revision Abhilfe geschaffen und die dargestellten Vorschläge umgesetzt zu haben. Sie sind angehalten, bei kommenden Prüfungen Instrumente vorweisen zu können, die den gestellten Anforderungen genügen. Im Implementierungsprozess der Steuerungsinstrumente wird von den beteiligten Unternehmensvertretern – besonders von den Personalmanagern selbst – und Beratern dementsprechend darauf hingearbeitet, eine den Revisionsanforderungen genügende Kalkulation zu erstellen.

Bereits im ersten Workshop verweist ein anwesendes Vorstandsmitglied darauf, bei den bevorstehenden Kompetenzworkshops die Anforderungen der Risikorichtlinien zu beachten. Die zu erstellenden Kompetenzprofile müssten auch für eine Personalbedarfsplanung geeignet sein. Die schon mal dagewesene Personalbestandsanalyse müsste nun wieder aufgenommen und in Richtung einer zukunftsbezogenen Personalkalkulation verlängert werden (vgl. Unternehmen B, Workshop 1). Zu diesem Zeitpunkt ist die Bedeutung dieser Bemerkungen hinsichtlich der Revision für die Berater noch nicht greifbar, weil ihnen die besagten Prüfungsmängel und der Revisionsbericht noch nicht vorliegen. Das Thema wird deshalb zunächst nicht weiterverfolgt. Im dritten Workshop des Projektabschnitts wird dann nachdrücklicher eingefordert, in den Instrumenten auch eine Planung der Personalbewegungen einschließlich Versetzungen und Austritten bereitzustellen, damit das Unternehmen den Anforderungen aus dem Risikobericht gerecht werde. Es sei wichtig, in den Prüfungskategorien der Risikorichtlinien adäquate Reaktionen des Personalmanagements aufzeigen zu können. Zu diesem Zweck sei eine umfassende Datenbank einzurichten, die die bisherigen Bestände zusammenführt und ersetzt. Eine prüfungsgerechte Positionierung der Personalmanager werde als Hauptanliegen der auszuarbeitenden Steuerungsinstrumente verstanden (vgl. Unternehmen B, Workshop 3). Auf Rückfragen der Berater wird ihnen nun eine Kopie des Prüfungsberichtes ausgehändigt. Sie bekommen den Auftrag, die im

Prüfungsbericht festgestellten Mängel mit den Steuerungsinstrumenten zu beheben (vgl. auch E-Mail-Wechsel 2). Im darauffolgenden Workshop sind die Berater auf die Ausrichtung der Instrumente auf externe Anforderungen vorbereitet und stellen sie ihrerseits primär als Möglichkeit dar, externe Zustimmung zu akquirieren (vgl. Unternehmen B, Workshop 4). Die Präsentation der Personalsteuerung nach außen wird nun zunehmend wichtiger gemacht. Gleichzeitig tritt die tatsächliche Umsetzung und Verbindlichkeit der Auswertungen nach und nach in den Hintergrund. Es wird mehr und mehr erkennbar, dass die Entscheidungsbefugnisse der Führungskräfte unangetastet bleiben. Zuletzt ist allen Beteiligten der Zuschnitt der Instrumente auf die externen Prüfungsanforderungen völlig klar und gilt als Konsens. Dies zeigt sich etwa daran, dass die Instrumente der unternehmenseigenen, internen Revisionsabteilung zugespielt werden, um beurteilen und bestätigen zu lassen, dass sie der nächsten externen Prüfung standhalten werden (vgl. Unternehmen B, Workshop 5).

Für die Berater wiederum scheint die für sie zunächst überraschende Eignung ihres Instrumentenrepertoires zur Erfüllung von Revisionsanforderungen ein Glücksfall zu sein. Der Bezug der Steuerungsinstrumente auf die externe Prüfung wird auch im Hinblick auf andere Kunden und Projekte zu einer willkommenen Idee. In der Anlaufphase eines ähnlichen Projektes in einem weiteren Unternehmen werden die Instrumente gleich als potenzielle Antworten auf Risikorichtlinien angekündigt (vgl. E-Mail-Wechsel 4). Man könne sie unmittelbar für ein „Risikoreporting" nutzen und am Jahresende einfach in einen Personalbericht für die Revision überführen.

Interessant ist, dass die für externe Kontrollen veranstalteten Personalplanungen intern keine formalen Verpflichtungen nach sich ziehen. Wie ausführlich gezeigt wurde, werden die Auswertungen nur unverbindlich und unregelmäßig zu Personalentscheidungen hinzugezogen. Es entsteht der Eindruck einer extern vorzeigbaren, Legitimität und rechtliche Korrektheit versprechenden Personalsteuerung des Personalmanagements, die aber keinerlei interne Entsprechung hat. Die Steuerungsinstrumente werden aufgebaut und stellen den Prüfer zufrieden, aber, wie Anthony Hopwood (1984, S. 183) bemerkt, „the discretion so gained might be used to uncouple organisational actions from the accounts which are made of them. Accounting might [...] provide the freedom for the organisation to be unaccountable." Lose Kopplung zeigt sich hier dergestalt, dass die Berechnungen und Auswertungen eine enge Verknüpfung mit Personalentscheidungen nach außen hin vorgaukeln. Dafür müssen einige Daten und Zahlen, etwa Mitarbeiterzahlen, mit dem Vorgehen in den Bereichen ungefähr übereinstimmen. Tatsächlich sind die Berechnungen und Auswertungen aber nur punktuell mit Entscheidungsprozessen verknüpft. Das Unternehmen vermittelt nach außen den Eindruck, Entscheidungen würden auf Basis der Zahlen und Visualisierungen getroffen – und genau damit wird ein tieferes Vordringen der Prüfer in die Entscheidungsfindung verhindert. Im Neo-Institutionalismus werden solche Phänomene mit einer Unterscheidung zwischen Formal- und Aktivitätsstruktur beschrieben (vgl. Meyer und Rowan 1977, S. 357). Demnach besagt die nach außen präsentierte Formalstruktur nichts Verbindliches über effektive Abläufe innerhalb einer Organisation. Sie fungiert als Rationalität symbolisierender Mythos, der die internen Prozesse nach außen hin abschirmt. Auf diese Weise kann die Organisation von dem Legitimitätsgewinn profitieren. Eine durchrationalisierte, von strategischen Zielen und Kompetenzen her gedachte Planung und Steuerung des Personals wird von außen vom Unternehmen verlangt. Die Probleme, die mit der faktischen Umsetzung eines solchen Anspruches impliziert werden, werden dabei nicht berücksichtigt. Interne Grabenkämpfe zwischen Personalmanagement und Führungskräften, unausgesprochene Funktionen, die die Personalmacht an Ort und Stelle bei den Bereichsleitern erfüllt, werden daher in der Außendarstellung von Personalentscheidungen ausgeblendet. „Das Resultat muß den Eindruck selbstverständlicher Richtigkeit, Vollkommenheit und Allgemeingültigkeit erwecken. Es wird […] als übereinstimmend mit ständiger Praxis und anerkannten Prinzipien dargestellt. Es gibt sich als gerecht und unpersönlich, allein von sachlichen Erwägungen getragen, alle Interessen ausgleichend und doch mit höchster Sorgfalt und Vorzugsbehandlung auf den individuellen Fall zugeschnitten" (Luhmann 1976, S. 113f.).

In diesem Sinne eignen sich die Instrumente, den Bemängelungen der Wirtschaftsprüfer entgegenzutreten. Das Personalmanagement kann damit vorweisen, dass es alle Personalbewegungen vorausschauend kalkuliert und steuert. Intern stellen eine brauchbare Verteilung und Motivation der Mitglieder hingegen andere Anforderungen. Sie sprechen dafür, die Entscheidungsgewalt beim direkten Vorgesetzten zu belassen. Das Unternehmen bewältigt die widersprüchlichen Anforderungen der externen Prüfung und der internen Personalverteilung deshalb durch eine strukturelle Abkopplung der formalen Erfüllung der Revisionsansprüche von internen Personalentscheidungen: „decoupling enables organizations to maintain standardized, legitimating, formal structures while their activities vary in response to practical considerations" (Meyer und Rowan 1977, S. 357). Die Instrumente zeigen denjenigen, die es sehen wollen, ein idealisiertes Bild der Personalsteuerung. Sie bleiben aber intern unverbindlich. Wie über Personal entschieden wird, darüber geben sie keine Auskunft, und dafür sind sie nicht ausschlaggebend.

Die lose Kopplung von Steuerungsinstrumenten und Entscheidungsfindung verspricht keinen Effektivitäts- oder Effizienzgewinn, keine erfolgreiche Rationalisierung. Aber die Präsentation einer Effizienzsteigerung und Rationalisierung der Personalsteuerung durch die Steuerungsinstrumente ermöglicht einen Legitimitätsgewinn, indem sie externe Interventionen der Wirtschaftsprüfer abwendet. Dieser Effekt kann als Errungenschaft der losen Kopplung von Instrumenten und Entscheidungsprozess gesehen werden. Das Problem der von außen abgeforderten Personalsteuerung wird lokal bearbeitet und dringt nicht bis zur faktischen Entscheidungsfindung der Führungskräfte vor. Die dysfunktionalen Folgen eines solchen Durchgriffs wurden bereits diskutiert. Die Trennung von plan- und regelmäßiger Personalsteuerung mit Instrumenten und faktischer Personalsteuerung vor Ort ermöglicht somit eine sinnvolle Anpassung der Organisation an ein spezifisches Umweltproblem des Personalmanagements (vgl. Luhmann 1976, S. 116).

Eine letzte, wiederum auf ein internes Problem bezogene Funktion der Steuerungsinstrumente liegt schließlich in der Etablierung einer Kontrollmöglichkeit der Personalentscheidungen der Führungskräfte. Da die Visualisierungen zu einem guten Teil auf Mitarbeiterbeurteilungen der jeweils zuständigen Vorgesetzten beruhen, können ihnen eventuell vorhandene Muster, Tendenzen und Neigungen der Führungskräfte bei der Bewertung der Untergebenen entnommen werden. Es wird z. B. deutlich, ob ein Bereichsleiter über mehrere Bewertungszyklen hinweg die immer gleichen Untergebenen hoch einstuft, ob ein Teamleiter seine Mannschaft insgesamt protegiert, indem er Bewertungen unter 120 % grundsätzlich nicht vergibt, oder ob die Beurteilungen Verteilungen nach „askriptiven Merkmalen" (Offe 1977, S. 97ff.), z. B. nach Geschlechtern erkennen lassen. Dieses Argument soll nicht überstrapaziert werden, da von den Steuerungsinstrumenten keine Eingriffsrechte in die Personalentscheidungen der Führungskräfte ausgehen – diese ursprüngliche Implikation der Auswertungen setzt sich, wie gezeigt, nicht durch –; aber es ergibt sich doch ein grobes Beobachtungsraster, das vielleicht für Aufmerksamkeit im Unternehmen sorgt, wenn extreme und anstößige Auffälligkeiten im Umgang der Führungskräfte mit ihren Untergebenen erkennbar werden.

Von Vorstandsmitgliedern und den vorstandsnahen Generalbevollmächtigten wird ein solches Überwachungssystem zumindest gewünscht. Die Entscheidungen und die Budgetverfügung lägen stets beim Vorgesetzten vor Ort, aber es sei eine Aufgabe des Personalmanagements, sich mit den Auswertungen einen „Gesamtüberblick" zu verschaffen und die Verteilung der Beurteilungen wie auch der Gelder zu kontrollieren, meint ein Vorstandsmitglied in einem Workshop. Die Personalführung finde vor Ort statt, aber das Personalmanagement solle „die Leitplanken im Blick behalten", innerhalb derer die Führungskräfte in den Bereichen ihre Untergebenen führen. Ein Generalbevollmächtigter äußert ähnlich, gerade weil Entscheidungen und Budgetverteilungen von den Führungskräften eigenständig vorgenommen würden, müsse man mit den Personalinstrumenten kontrollieren, ob die Zuordnung von vielleicht attraktiven Entwicklungsmaßnahmen, d. h. die Verteilung des vorhandenen Geldes auf die Mitarbeiter, zu den Beurteilungen passt.

Bei allzu groben und wiederholten Unstimmigkeiten sollten die Personalmanager dann den Vorstand bzw. die Generalbevollmächtigten informieren, die aufgrund ihrer hierarchischen Stellung über ein Vetorecht verfügen (vgl. Unternehmen B, Workshop 5).

In solchen Äußerungen zeigt sich ein gewisses Misstrauen der Unternehmensführung gegenüber den Führungskräften. Um sinnvolle Stellenbesetzungen und eine effektive Personalführung zu gewährleisten, überlässt man ihnen eine große Entscheidungsfreiheit hinsichtlich der Entscheidungsprämisse Personal in ihren jeweiligen Bereichen. Auf der anderen Seite befürchtet man Protegierungen und Seilschaften, die in den Bereichen überhand nehmen könnten. Wenn es zu bunt wird, könnten sich die Steuerungsinstrumente als sensible Signalgeber bewähren und Auffälligkeiten und Muster anzeigen. Diese Hoffnung findet man zumindest in den Äußerungen des Top-Managements. Bei der Verteilung des Budgets für Weiterbildungen müssten ja gerade diejenigen viel abbekommen, bei denen Ist-Soll-Rechnungen ein Defizit nachweisen. Diese Mitarbeiter müssten halbwegs schlechte Beurteilungen der Führungskraft eingefahren haben und demzufolge auch bei der On Top-Vergütung nicht gut weggekommen sein. Wenn nun aber dauerhaft die gleichen Mitarbeiter Spitzenbewertungen erhalten, dafür mit hohen Bonuszahlungen belohnt werden und dennoch den Hauptanteil des Maßnahmenbudgets zugeteilt bekommen, weil ihre Weiterbildungen mit attraktiven Reisen verbunden sind, geht es nicht mit rechten Dingen zu. Solche Muster könnten bei vorgesehener und regelmäßiger Befüllung der Instrumente mit Beurteilungs- und Leistungszahlen in den Diagrammen abgelesen werden. Die Unternehmensführer erhoffen sich von den Instrumenten entsprechende Hinweise, um auf solche Situationen aufmerksam zu werden, sie dann näher in Augenschein nehmen und im Zweifelsfall reagieren zu können.

In einem solchen „Misstrauen der Organisation gegenüber der Personalpolitik ihrer Vorgesetzten" sieht Stefan Kühl (2006b, S. 7f.) den Anlass für die Einrichtung eigenständiger Personalabteilungen schlechthin. Weil Organisationen befürchten, Führungskräfte könnten ihre Personalmacht dazu zweckentfremden, „handzahme Mitarbeiter heranzuziehen und unbequeme Mitarbeiter abzustrafen", würden Entscheidungsbefugnisse in Personalfragen zumindest teilweise in eigens dafür eingerichtete Personalabteilungen überführt. „Durch Personaler als ‚Business-Partner' wird verhindert, dass Seilschaften und Promotionsbündnisse entstehen. Führungskräften wird es dadurch erschwert, Mitarbeiter mit Versprechen oder der Vergabe von Beförderungen an sich zu binden und sie als verlängerte Arme in zukünftigen mikropolitischen Schlachten einsetzen zu können" (Kühl 2006b, S. 8).

Für solche weitreichenden Eingriffe der Personaler in Personalbewegungen der Organisation benötigte das Personalmanagement jedoch verbindliche Zugriffsmöglichkeiten auf Personalentscheidungen. Letztlich bräuchten die Personalmanager ein Vetorecht, um willkürliche Versetzungsmaßnahmen und Budgetverteilungen der Führungskräfte zu verhindern. Solche faktischen Verlagerungen oder zumindest Verteilungen der Personalmacht können in den herangezogenen Samples nicht festgestellt werden. Hier bleibt die Entscheidungsgewalt beim Vorgesetzten. Aber man erhofft sich von den Steuerungsinstrumenten doch entsprechende Hinweise und Signale, die die Aufmerksamkeit der Unternehmensführung auf den Plan rufen. Die Visualisierungen geben zwar kein detailliertes Bild der Vorgänge im betroffenen Bereich her. Aber sie können mit in den Zahlen deutlich werdenden Auffälligkeiten als Warninstrumente für potenziell unerwünschte Protegierungen gelesen werden. Ob dann eingegriffen und die Führungskraft zur Ordnung gerufen oder sogar in ihre Entscheidungen interveniert wird, bleibt dem Vorstand überlassen. Er kann die fraglichen Personalentscheidungen im Zweifelsfall dank seiner hierarchischen Vorrangstellung an sich ziehen. Dazu braucht es dann keine Verbindlichkeit der Instrumente und keine Verlagerung der Personalmacht zum Personalmanagement.

Die Personaler mit ihren Steuerungsinstrumenten dienen demnach als Vermittler einer groben Überwachung, als Spione, die den Vorstandsmitgliedern bei Auffälligkeiten entsprechendes Beobachtungsmaterial zuspielen. Denkbar wäre allerdings auch, dass diese Aufgabe dem Personalmanagement nur deshalb zugesprochen wird, weil es mit seinen Instrumenten sonst gar keinen Einfluss auf das Personal nehmen kann. Der Vorstand legt fest, dass die Personalkalkulationen zwar unverbindlich sind, lässt sie aber nicht in die völlige Bedeutungslosigkeit abgleiten. Die Zuweisung der Misstrauensfunktion an die Personaler wäre in dieser Lesart ein Zugeständnis. Sie diente als Reaktion auf die Etablierung der nun doch für unverbindlich erklärten Personalinstrumente. Sie legitimierte nachträglich den Projekt- und Beratungsaufwand rund um die Steuerungsinstrumente und wäre gleichzeitig eine Zuweisung von organisationaler – wenn auch nicht in formale Entscheidungen umsetzbarer – Macht und Bedeutung an die Personalmanager.

Ob die Kontroll- und Misstrauensfunktion der Instrumente von der Unternehmensführung nun ernst genommen oder als Zugeständnis an die Personaler eingesetzt wird – sie wird im Unternehmen kaum in größerem Umfang bekannt gemacht. Die Darstellung des Personalmanagements vor den betroffenen Führungskräften hält sich an die offiziellen Formeln des Geschäftstreibers und Wertschöpfungsexperten in Fragen des Humankapitals. Den Führungskräften wäre nicht zu vermitteln, dass das Personalmanagement mit den Steuerungsinstrumenten fortan ihre Entscheidungen auf eventuelle Ungerechtigkeiten in der Mitarbeiterführung überprüft und sie ggf. an den Vorstand meldet. Die Kontrollfunktion wird im weiteren Kreis der Vorgesetzten zum „Tabu-Thema", zur Kommunikationslatenz (vgl. Kühl 2009, S. 2f.), die man vor den Führungskräften und ihren Mitarbeitern nicht aufdeckt. Sie wird unter dem Tisch gehalten und gegenüber anderen Mitgliedern nicht erwähnt. Im kleineren Kreis, wenn Vorstände und Personalmanager unter sich sind – und nur dann –, könnten der Kontrollmechanismus jedoch angesprochen und Hinweise auf Unregelmäßigkeiten weitergegeben werden.

Die Personalmanager geraten somit in die Situation, einige Funktionen ihrer neuen Steuerungsinstrumente gar nicht offen benennen zu können. Dass es um vorzeigbare Kalkulationen für die Revision geht, ist zumindest innerhalb der Organisation thematisierbar. Die interne Kommunikation der externen Legitimationsfunktion bedient „eine Auswahl- und Steuerungsfunktion für die Außendarstellung" (Luhmann 1976, S. 116) und ist deshalb erforderlich. Gegenüber den Wirtschaftsprüfern muss natürlich diszipliniert der Eindruck erweckt werden, die Auswertungen dienten der effektiven Steuerung der Personalbewegungen. Die Akzeptanz erzeugende Funktion für an anderer Stelle getroffene Personalentscheidungen wird den Personalmanagern selber nicht gefallen und wird von ihrer Seite aus womöglich gar nicht mitbeobachtet. Sie kalkulieren und werden sogar am Entscheidungsprozess beteiligt – aber eben nur der Form halber. Dies einzusehen wäre sicher möglich, ist aber verzichtbar. Die Legitimation des Personalmanagements vor anderen Unternehmenseinheiten ist für die Personaler, wie gezeigt, ein wichtiges Ziel des Beratungsprojektes. Sie erkennen und besprechen mit den Beratern, dass sie mit den Auswertungen „etwas vorzuweisen haben" im Unternehmen. Dass sie die Auswertungen und Kalkulationen gerade betreiben, um sie vorzuweisen, ist gegenüber Dritten allerdings nicht ansprechbar. Die offizielle Intention der Berechnungen würde unhaltbar, und damit verlören die Instrumente ihre Legitimationswirkung. Es handelt sich also um eine Kommunikationslatenz ohne Beobachtungslatenz (vgl. Kühl 2009, S. 3f.). Ähnlich verhält es sich mit der Misstrauensfunktion gegenüber den Führungskräften. Mit Eingeweihten wird sie besprochen und ist dort thematisierbar; sonst hält man die Kontrollambitionen besser versteckt.

In bestimmten Situationen und gegenüber bestimmten Adressaten werden die Funktionen der Steuerungsinstrumente also latent gehalten. Die offiziellen Organisationsprogramme sehen diese Funktionen nicht vor. Deshalb bilden sich unter dem Deckmantel strategischer Personalkalkulation mit Steuerungsinstrumenten andere Möglichkeiten heraus, den genannten Funktionen nachzukommen: „the functional deficiences of the official structure generate an alternative (unofficial) structure to fulfill existing needs somewhat more effectively" (Merton 1967, S. 30). Von der Legitimitätseinwerbung bis zur Manifestierung von Misstrauen in Führungskräfte erfüllen die Steuerungsinstrumente ganz verschiedene Funktionen, die in ihrer offiziellen Bestimmung nicht vorkommen. Die Personalmanager können diese latenten Funktionen nur äußerst selektiv thematisieren, sofern sie

sie überhaupt beobachten. Diese Schranken in der Darstellung der Steuerungsinstrumente durch die Personalmanager vor allem gegenüber anderen Organisationsbereichen können über kurz oder lang dazu führen, dass die Berechtigung der Steuerungsinstrumente angezweifelt wird. Den Bereichsleitern könnte auffallen, dass der Nutzen der Steuerungsinstrumente und der aufwändigen Bewertungen gegenüber ihnen weitgehend offen und diffus gehalten wird. Die Instrumente könnten für sie als überflüssiger Aufwand des Personalmanagements erscheinen, den man besser wegrationalisiert. Den Personalmanagern wird in diesem Fall kaum anderes übrig bleiben, als die offizielle Präsentation der Instrumente in den Vordergrund zu schieben, sich als Steuerer und Entscheidungsträger im Sinne des Human Capital Management zu erklären, die Rechenbarkeit und Wertigkeit von Personalplanungen hervorzuheben und damit an den eigentlichen Funktionen der Steuerungsinstrumente vorbeizureden.

Organisationssteuerung mit Instrumenten und die Selbstregulation von Organisationen

In den Selbstbeschreibungen der beobachteten Organisationen werden die implementierten Steuerungsinstrumente des Personalmanagements als Lösungen zu den scheinbar dramatischen Herausforderungen des „Informationszeitalters" vorgestellt. Demnach machen tiefgreifende Veränderungen in Wirtschaft und Gesamtgesellschaft das Personal zur wichtigsten Wertschöpfungsressource und lassen sein Management zu den wichtigsten unternehmerischen Anforderungen aufsteigen. Personalmanagement müsse sich auf strategische Kalkulationen stützen, Entscheidungen über Stellenbesetzungen müssten auf vorausschauenden, wettbewerbsorientierten Planungen beruhen. Die vorgestellten und implementierten Steuerungsinstrumente sollen es ermöglichen, diesen Herausforderungen erfolgreich zu begegnen. Personalentscheidungen werden durch Vergleiche von Ist- und Soll-Werten rechenbar, das ganze Unternehmen soll das Personalmanagement mit seinen Berechnungen vor sich her treiben.

Meine organisationssoziologische Analyse von Konstruktionsprozessen der Steuerungsinstrumente in Beratungsprojekten kommt zu anderen Ergebnissen. Die den Instrumenten zugrunde liegenden Zahlen werden tendenziell willkürlich festgelegt; die Mess- und Auswertungsverfahren werden aus zuvor schon bekannten Puzzleteilen der Organisation und des Beraternetzwerks zusammengesetzt; die angestrebten Ziele werden laufend umdefiniert und ausgewechselt, wenn die Konfliktlage innerhalb des Unternehmens es verlangt. Die Implementierung der Steuerungsinstrumente verläuft damit nicht strategisch und rational im Sinne einer Ableitung von Mitteln aus Zwecken. Ihr Bezug zur Unternehmensstrategie wirkt beliebig, und doch wird ihr unterstellt, Mittel zum Organisationszweck einzurichten. Die Vorgehensweise der Beteiligten erscheint irrational, weil sich nur über Abkürzungen mittels „entscheidungsreifer Vorlagen", die schon von alternativen Zielen und Mitteln befreit sind, die Unterstützung anderer Entscheidungsträger gewinnen lässt.

Die Auswirkungen der Einrichtung von Steuerungsinstrumenten im Unternehmen weichen ebenfalls von den offiziell formulierbaren Zielen und Ergebnissen ab. Es ergeben sich unbeabsichtigte Effekte, die die beteiligten Unternehmensvertreter und Berater fortan bewältigen müssen. Über die Quantifizierung von Kompetenzen und Leistungen der Mitglieder und daran anschließende Berechnungen und Visualisierungen wird eine zunächst eingängige Entscheidungsvorlage aufgebaut, die sich von einer steuerungsfähigen Repräsentation der Mitarbeiter unterscheidet. Zwar wird eine solche Abbildung von Eigenschaften und Leistungen mit den Auswertungen angestrebt, doch die Instrumente beruhen tatsächlich auf diffusen Zahlenverstrickungen. Sie werden mit zunehmender Komplexität der Berechnungen und Auswertungen tendenziell undurchschaubar und bringen Ergebnisse hervor, die mit den vermessenen Mitgliedern nicht identisch sind. Diese „Entfernung" der Kalkulationen von den Mitarbeitern führt in Verbindung mit der Repräsentationsvorstellung jedoch zu einer brauchbaren Organisationsgrundlage und Entscheidungsdirektive. Deshalb implizieren die Steuerungsinstrumente empfindliche Verschiebungen im Macht- und Entscheidungsgefüge der Organisation. In letzter Konsequenz durchgesetzt verlangten sie eine Verlagerung von Entscheidungsbefugnissen weg von den direkten Vorgesetzten hin zum Personalmanagement. Die Unternehmensvertreter haben eine solch radikale Umstrukturierung ihrer Organisation aber weder vorhergesehen, noch beabsichtigt. Das Problem der Personalsteuerung im Personalmanagement ist plötzlich nicht mehr ein „zu wenig", sondern ein „zu viel" an Kontroll- und Eingriffsmöglichkeiten. Konflikte mit den Bereichsleitern, die sich an den Instrumenten entzünden und um die Lokalisierung der Personalmacht drehen, erscheinen am Horizont. Die Unternehmensführer rudern daraufhin zurück, wollen von Entscheidungsbefugnissen im Personalmanagement nichts gesagt und gehört haben und setzen die formale Unverbindlichkeit der Steuerungsinstrumente durch.

Die Funktionen, die die Steuerungsinstrumente für die implementierenden Organisationen erfüllen, können somit nicht in einer durchgesetzten, von der Unternehmensstrategie her gedachten umfassenden Steuerung aller Personalbewegungen gesehen werden. Weder werden die Steuerungsinstrumente von der Organisationsstrategie abgeleitet, noch sind ihre Auswertungen von verbindlicher Bedeutung für Personalentscheidungen. Die beobachteten Implementierungsprozesse lassen explorativ erschlossene Thesen zu einigen alternativen Funktionen zu. Die Steuerungsinstrumente sorgen unternehmensintern für eine Aufwertung des Personalmanagements, indem sie einen niemals endenden Bedarf für personalplanerische und -entwicklerische Interventionen anzeigen. Die Personalmanager können ihren Vorgesetzten und Fachkollegen eine auf Zahlen und Berechnungen beruhende und daher vermeintlich belastbare Arbeitsgrundlage vorweisen. Damit wachsen sie im organisationsinternen Ansehen ein Stück weit über ihre bisherige Dienstleister- und Begleiterrolle hinaus und werden gegenüber den zentralen Wertschöpfungsbereichen sprech- und behauptungsfähig.

Sofern die Führungskräfte die Personalmanager mit ihren Kalkulationen zu Personalentscheidungen hinzuziehen, können die Steuerungsinstrumente auch deren organisationsinterner Akzeptanz zugute kommen. Ohne vorauszusetzen, dass die Berechnungen faktisch in die Alternativenauswahl eingehen, verleiht eine im Unternehmen sichtbare Berücksichtigung der Steuerungsinstrumente konkreten Personalentscheidungen einen objektiven, neutralen Anschein. Es sieht so aus, als hätte man der Stellenbesetzung Zahlen und Daten zugrunde gelegt, und das erschwert es, die Entscheidung anzuzweifeln.

Weiterhin können die Steuerungsinstrumente dazu herangezogen werden, den Umgang der Führungskräfte mit Mitarbeiterbeurteilungen, Budgetverteilungen, Beförderungen und Vergütungszuschlägen zu überwachen. Die Visualisierungen machen eventuelle Unregelmäßigkeiten und auffällige Protegierungen deutlich, und die Personalmanager werden von ihren Vorgesetzten dazu aufgefordert, darauf zu achten, ob alles im normalen Rahmen bleibt. Ganz ohne daran geknüpfte Eingriffs- möglichkeiten werden die Steuerungsinstrumente im Personalmanagement so zu Kontroll- und Signaleinrichtungen der Unternehmensspitze. Das Top-Management verleiht damit seinem Misstrauen gegenüber dem untergeordneten Führungspersonal Ausdruck und stellt eine Apparatur für entsprechende Warnungen als Vorstufe zu eventuellen Gegenmaßnahmen auf die Beine.

Organisationsextern werden die Steuerungsinstrumente schließlich eingesetzt, um Personalkalkulationen vor Nichtmitgliedern darzustellen. Sie werden darauf ausgerichtet, Bemängelungen unabhängiger Wirtschaftsprüfer entgegenzutreten und kommen somit der notwendigen externen Legitimation des Unternehmens zugute. Während aber Personalsteuerung nach außen hin präsentiert wird, bleibt es bei der internen Unverbindlichkeit der Auswertungen und Planungen. Es kommt zum „Decoupling", zur Entkopplung von Außendarstellung und internen Prozessen. Auf diese Weise wird die Organisation den widersprüchlichen Erfordernissen interner Entscheidungsprozesse und externer Steuerungsanforderungen zugleich gerecht.

Die genannten Funktionen können innerhalb eines Unternehmens, das die Steuerungsinstrumente nutzt, nur sehr eingeschränkt thematisiert werden – wenn überhaupt. Sie werden größtenteils latent gehalten. Die Funktionen der Steuerungs- instrumente können deshalb nur in ausgewählten Situationen unter Eingeweihten angesprochen und kalkuliert werden. Ihre offene Kommunikation würde Kon- flikte in der Organisation und Widerstand gegen die Instrumente provozieren. Andererseits wurde dargestellt, dass die offiziell mit den Steuerungsinstrumenten verbundenen Aufgaben vom Personalmanagement gar nicht ausgeführt werden (können). Die Personalmanager haben keine Berechtigungen und Möglichkeiten, Personalsteuerung selber effektiv umzusetzen. Die Instrumente erfüllen den Zweck, als dessen Mittel sie ausgeflaggt sind, nicht. Das ist auf kurz oder lang und unter ungünstigen Umständen auch für diejenigen Führungskräfte sichtbar, denen man die latenten Funktionen aus taktischen Gründen vorenthält. Alle Beteiligten halten sich an die im Unternehmen sprachfähige Zweck-Mittel-Darstellung der Steuerungsinstrumente, obwohl deren faktische Unhaltbarkeit mehr oder weniger offen erkennbar ist. Wie lässt sich die Durchsetzung der Steuerungsinstrumente in den beobachteten Unternehmen erklären, wenn allein die Selbstbeschreibungen der Personalmanager und ihrer Berater als Erklärungen und Legitimationsfolien eingesetzt werden?

Vermutlich beruht die Haltbarkeit einer von Personalentscheidungen entkoppelten Personalkalkulation im Unternehmen auf dem Aufmerksamkeit und Anerkennung stiftenden Effekt der Zahlen, Berechnungen und Visualisierungen. Die Kollegen und Vorgesetzten geben sich allem Anschein nach damit zufrieden, dass im Personalmanagement berechnet und kalkuliert wird. Man blickt nicht so tief in die Instrumente hinein bzw. nicht so weit über die Instrumente hinaus, dass die relative Wirkungslosigkeit dieser Planungen und Auswertungen im Hinblick auf Entscheidungen störend auffiele. Es reicht schon aus, wenn aus den hinterlegten Daten ein Personalbewegungsplan abgeleitet wird, der für die Führungskräfte zwar unverbindlich ist, aber doch punktuell als Auslöser für Rückversicherungen, Korrekturen und davon unabhängige Entscheidungen genutzt werden kann. Die Vorgesetzten lassen sich dann von den Steuerungsinstrumenten zu Personalentscheidungen bewegen, ohne sich aber die Personalmacht aus der Hand nehmen zu lassen. Man nutzt die Berechnungen als Gesprächsgrundlage mit dem Personalmanagement, macht daran Korrekturbedarfe aus und gewinnt so einen Anlass, weitere Überlegungen zu faktischen Personalbewegungen anzustellen. Die Planungen und Kalkulationen dienen nicht der Vorbestimmung von Entscheidungen, aber sie erzeugen doch Entscheidungsanlässe. Sie legen Personalentscheidungen nicht fest, aber halten Personalfragen als Problem im Gespräch. Sie verschaffen dem Personalthema somit eine anhaltende Aufmerksamkeit innerhalb der Organisation, die über die sonst dominierenden Kosten- und Leistungsrechnungen nicht erreicht würde.

Innerhalb der Organisation tauchen solche Beschreibungen der Steuerungsinstrumente nicht auf. Sie taugen nicht als organisationsinterne Problemfassungen. Im Unternehmen hält man sich an das Zweck-Mittel-Schema der Personalsteuerung mit Instrumenten. Soziologisch distanziert kann man nun formulieren: Die Organisation bleibt auf der Ebene ihrer Reproduktion für sich selbst intransparent. Die Analyse der Implementierung von Steuerungsinstrumenten liefert für diese Intransparenz viele Beispiele. Die Selbstregulation der Organisation hängt in der hier dargestellten Sichtweise nicht von der Erreichung der ausgegebenen Ziele, nicht von der effektiven Umsetzung instrumentenbasierter Personalsteuerung ab. Gleichwohl sind die Formulierung solcher Ziele und die Implementierung entsprechender Instrumente Ausdrücke der Reproduktion der Organisation. Das zeigt sich, wenn sie z. B. interne Akzeptanz für Personalentscheidungen akquirieren oder externe Anfechtungen der gegebenen Personalplanungspraxis abwenden. Dass die offiziell zugeordneten Zwecke von den Steuerungsinstrumenten nicht erfüllt werden können, erscheint dann geradezu als Bedingung der Erfüllung ihrer latenten Funktionen. Eine durchgreifende Steuerung der Personalbewegungen mit Instrumenten wäre mit den geschilderten Funktionen nicht vereinbar. Gerade der Umstand, dass die Zwecksetzung der Steuerungsinstrumente nicht eingelöst werden kann, trägt so gesehen zum Bestandserhalt der Organisation bei. Es ist die Formulierung gerade unlösbarer Probleme, die daran mitwirkt, dass Personalentscheidungen fortgesetzt in organisational brauchbarer Form zustande kommen.

Die Rede vom Personalmanagement als Wertschöpfer und Antreiber des Unternehmens, der mit seinen Kalkulationen die Ressource Personal steuert, gibt diesem basalen Reproduktionsproblem eine organisationsintern bearbeitbare Fassung. Die offiziellen Ziele der Steuerungsinstrumente sind Ersatzformeln, mit denen das tiefer liegende Problem der Reproduktion von Personalentscheidungen für die Organisation selbst handhabbar wird (vgl. Luhmann 1991, S. 190). Es wäre, als solches beschrieben, für Personalmanager und Entscheidungsträger nicht instruktiv. Über Steuerungsinstrumente und ihre Auswertungen hingegen kann man streiten, kann sich Planungen vor Augen führen und dann doch davon abweichen. In dieser Transformation der fortlaufenden Generierung von Personalentscheidungen in organisationsinterne Optimierungsambitionen ist die Komplexität absorbierende Leistung der Implementierung von Steuerungsinstrumenten zu erkennen. Sie vereint ganz unterschiedliche Momente des organisationalen Bestandserhalts und macht es möglich, sie doch einheitlich unter dem Dach der Steuerungsinstrumente zu bewältigen. Die Steuerungsinstrumente erlauben und rechtfertigen ganz verschiedene organisational funktionale Handlungen unter dem Gesichtspunkt zu optimierender Personalsteuerung. Dass die Kopplung an effektive Personalentscheidungen dabei nur lose bleiben kann, liegt nun auf der Hand, ist eine Bedingung ihrer Funktionserfüllung. Die untersuchten Steuerungsinstrumente leisten keine Steuerung, aber indem sie zur Steuerung ermutigen, werden andere, für den Erhalt der Organisation kritische Aktivitäten erst möglich.

Anhang:
Nachbemerkung zur Methodik der Fallstudie

Die in diesem Buch dargestellten Analysen beruhen auf eigenen teilnehmenden Beobachtungen des Verfassers. Ich führte sie über einen Zeitraum von acht Monaten durch, in denen ich in einem Beraternetzwerk aktiv mitwirkte. Das Beraternetzwerk, in dem ich tätig war, bearbeitet Beratungsprojekte zu den Themen Personalmanagement, Mitarbeiterführung, Change Management, Personalcontrolling, Personalgewinnung, betriebliche Weiterbildung und Unternehmenskultur. Zu den Kunden zählen Industriebetriebe und Handelskonzerne. Während meiner Feldphase wirkte ich in unterschiedlichen Beratungsprojekten mit und wurde vor allem in die Vorstellung und Implementierung von automatisierten Instrumenten zur Personalsteuerung eingebunden. Meine Mitarbeit erstreckte sich sowohl auf interne Entwicklungs-, Vor- und Nachbereitungsaufgaben als auch auf die Implementierungsarbeiten bei den Klienten. Ich nahm an Kundenworkshops teil und konnte außerdem zahlreiche interne Dokumente sowohl des Beraternetzwerks als auch der Klienten sichten und auswerten. Während der Workshops war ich für die Anfertigung von Ergebnisprotokollen und die Präsentation der Instrumente zuständig. Es fiel mir daher leicht, Beobachtungen zu Forschungszwecken kurz festzuhalten. In einigen Workshopphasen gab ich den Kunden technische Erläuterungen zu den vorgestellten Steuerungsinstrumenten. Die konzeptionelle Ausrichtung und Einbindung der Instrumente in die Beratungsprojekte erledigten die beteiligten Berater gemeinsam. In einem Projekt waren meist zwischen drei und fünf selbstständige Berater gleichzeitig aktiv.

Um in Workshops, Sitzungen von Lenkungsausschüssen, Meetings und Besprechungen anfallende Beobachtungen zu dokumentieren, führte ich ein Feld- und Forschungstagebuch (vgl. hierzu Bachmann 2009, S. 258f.). Während der und unmittelbar nach den Beratereinsätzen „skribbelte" ich mit, um Zitate und Eindrücke möglichst rasch festzuhalten. Diese Feldnotizen formulierte ich anschließend zu ausführlichen Beobachtungsprotokollen aus. Darüber hinaus wurden im Workshop eingesetzte Präsentationsmaterialien wie Powerpoint-Folien und Handouts sowie die offiziellen Ergebnissicherungen wie Flipcharts ausgewertet und beschrieben.

Ich habe versucht, möglichst realitätsnahe Beobachtungen und Zitate von Interpretationsansätzen und analytischen Ideen durch unterschiedliche Markierungen zu trennen. Damit wollte ich einerseits das „Rohmaterial" der Beobachtungen nicht zu früh durch soziologische Interpretationen verzerren, andererseits aber Erinnerungsproblemen bei seiner späteren Deutung vorbeugen. Streng genommen ist die Vermischung von Datenerhebung und interpretierender Analyse auch mit solchen Aufteilungen nicht zu verhindern. Beim Aufschreiben der Beobachtungen läuft ein gewisser Selektions- und Analysemechanismus unvermeidlich mit. Es gibt bei der Beschreibung keine „Rohdaten" im eigentlichen Sinne, die erst anschließend ausgelegt werden könnten. Die im Beobachtungsvorgang gemachten Notizen unterschreiten, die später ausformulierten Gedächtnisprotokolle überschreiten das Niveau des „Rohmaterials" bereits (vgl. Hirschauer 2001, S. 433). Daher findet der Leser faktisch an keiner Stelle strikt realitätsgetreue Abbilder der beobachteten Beratungsprozesse, sondern immer schon deren Darstellung und Präsentation durch den Verfasser.

Die Thesen und Interpretationen dieser Fallstudie stützen sich also auf Beschreibungen der beobachteten und ausgewerteten Vorgänge und Artefakte. Sie wurden „durch beständiges Umschreiben, einen kontinuierlichen Wechsel unterschiedlicher Genres produziert" (Hirschauer 2001, S. 431): Die noch im Feld hingeworfenen „Fieldnotes" habe ich zu Gedächtnisprotokollen mit Interpretationsideen ausformuliert; diese Protokolle und Analyseansätze habe ich wiederum bei der Anfertigung der Fallstudie zu verdichtenden Beschreibungen umgearbeitet und mit theoriegeleiteten Hypothesen vermischt. Im Gegensatz zu Aufzeichnungen und deren Transkriptionen findet man hier „Trans-Skriptionen" im wörtlichen Sinne. Die beobachteten Organisationsphänomene wurden be- und überschrieben, reduziert und „eingedickt" (vgl. Kalthoff 2006, S. 167).

Diese Vorgehensweise ist sicher auch, aber nicht allein, ein Zugeständnis an die „Sensibilität der beobachteten Beratungsprozesse". Sie sollte nicht nur als Mangel an „sonst üblichen Standards der Datensicherung" (Kühl 2007a, S. 274), nämlich Tonbandaufnahmen und Videomitschnitten, ausgelegt werden. Gewiss konnte ich eine gegenüber Aufzeichnungen nur schwache und lückenhafte Dokumentation des beobachteten Geschehens leisten. Ich bin vergesslicher als jedes Mitschnittgerät. Aber meine Beschreibungen sind im Gegensatz zur Aufzeichnung nicht auf einzelne, begrenzte Interaktionssequenzen eingeschränkt. Meinen Interpretationen lege ich daher komplexere und ausgedehntere Settings zugrunde, als eine Aufzeichnung ermöglichen würde, indem ich Kontextbeobachtungen einbringe sowie Zwischenspiele und Verbindungen zwischen einzelnen Interaktionen berücksichtige. Dabei kommen auch solche sozialen Phänomene und Vorgänge der Beratungsprozesse in den Blick, die während der Beobachtungen noch gar nicht in sprachlicher Form vorlagen, die durch die Beschreibungen erst „versprachlicht" wurden (vgl. Hirschauer 2001, S. 436f.) und daher von Aufzeichnungen rigide übergangen worden wären. Erst indem „etwas – wie selektiv auch immer – zur schriftlichen Darstellung gebracht wird, das beim Sprechen, Handeln, Wirken etc. nur vollzogen werden kann" (Kalthoff 2006, S. 167), werden bestimmte Entwicklungen im Umgang mit den Steuerungsinstrumenten in der Organisation sichtbar. Für Kommunikationslatenzen gibt es keine unmittelbaren Zitate. Die Interpretation einiger Verhaltensweisen der Beteiligten setzt daher Verbalisierungen voraus. Die zugrunde gelegten Beschreibungen sind insofern keine Verlegenheitslösung, sondern produktive „Sprachwerkstatt [...], in der die sprachliche Darstellung des Sozialen erprobt, überschrieben und (temporär) fixiert wird" (Kalthoff 2006, S. 171).

Der Zugang zu den genannten Dokumenten und Interaktionen war mir möglich, weil ich für die Phase der teilnehmenden Beobachtung in dem Beraternetzwerk aktiv war. Die Rolle eines neuen Beraters war für mich als Feldforscher in den Beratungsprojekten eine günstige Ausgangsposition, „denn diese ermöglicht es, nichts zu können, viel zu fragen und viel herumzukommen" (Bachmann 2009, S. 253). Ich war gerade nicht, wie von Feldforschern teilweise beklagt wird, von „echter Mitarbeit" ausgeschlossen (vgl. Graaf und Rottenburg 1989, S. 30), weil mir die Teilnahme an wichtigen Meetings untersagt wurde oder mir Kenntnisse und Fähigkeiten zur authentischen Mitwirkung fehlten. Ich arbeitete als ganz gewöhnlicher Berater an Beratungsprojekten mit, wie es in dem Beraternetzwerk üblich ist. Mein Eindruck ist, dass die Beraterkollegen sich bemüht haben, mir möglichst umfangreiche Einblicke in ihren Arbeitsalltag zu ermöglichen und mich dazu in zahlreiche Arbeitsschritte einzubinden. So konnte ich meine auf fehlenden Vorerfahrungen fußende „Betriebsblindheit" voll ausspielen und mich an Insider-Wissen und Know-How der Beratungsprozesse zu Steuerungsinstrumenten heranführen lassen.

Meine Selbstdarstellung im Feld habe ich so weit wie möglich auf die Beraterrolle beschränkt. Ich habe mein Forschungsanliegen nicht von mir aus zum Thema gemacht, sondern es nur dann erläutert, wenn es aktive Rückfragen von Feldangehörigen erforderlich machten. Über weite Strecken wurde ich deshalb von den Beobachteten ausschließlich als Berater und nicht als externer Beobachter mit Forschungsabsichten wahrgenommen. „He interacts with them as naturally as possible in whatever areas of their living interest him and are accessible to him as situations in which he can play, or learn to play, requisite day-to-day roles successfully" (Gold 1958, S. 219).

Gelegentlich werden forschungsethische Bedenken gegen ein solches tendenziell verdecktes Vorgehen teilnehmender Beobachter geltend gemacht. Die Bemühungen eines Forschers, von den Feldangehörigen als Teilnehmer akzeptiert zu werden, werden als instrumentalisierende Forschungsstrategien kritisiert. Der Forscher bemühe sich, eine Symmetrie der Beforschten zu ihm nur vorzugaukeln. Tatsächlich aber setze er die gewonnene Anerkennung des Feldes als Teilnehmer zu geheim gehaltenen Forschungszwecken, also strategisch ein. „Begibt sich also der Forscher an einen Ort, der für die dort Anwesenden einen spezifischen Stellenwert in ihrem Alltagsleben hat, mit dem bewußten Vorsatz, Kontakte zu wissenschaftlichen Zwecken aufzunehmen, dann läßt er sich gerade nicht auf den situationalen Kontext ein, den es doch zu verstehen gilt. Vielmehr nimmt er den situationalen Kontext wie ein Stratege wahr, der sich über den taktischen Einsatz seines Rollenrepertoires klarwerden will" (Lindner 1981, S. 57). Angemessener, weil symmetrischer, sei es, die Forschungsabsichten und -fortschritte kontinuierlich vor dem Feld offenzulegen. Die beiderseitige Befremdung diene dann nicht als strategisches Mittel zum Forschungszweck, sondern biete wechselseitige Lernmöglichkeiten für Forscher und Beforschte. Man begegne sich „auf Augenhöhe".

Für die durchgeführte Feldforschung und für viele andere teilnehmende Beobachtungen in Organisationen erscheint die auf strategisches Handeln des Forschers zielende Kritik eher kontraproduktiv. Zunächst ist die Akzeptanz eines Forschers in Organisationen ohnehin nicht gerade wahrscheinlich. Der Feldzugang gelingt häufig nur, weil der Forscher Sympathien wecken kann, Gewährsleute unter den Mitgliedern als „Türöffner" gewinnt oder als unentgeltliche Arbeitskraft herhält (vgl. Bachmann 2009, S. 253ff.). Auch sind erhebliche Zweifel angebracht, ob eine formal als Erforschung der Organisation genehmigte Beobachtung nicht auf organisational erwünschte Ergebnisse hingesteuert wird. Heikle Situationen und Brüche mit formalen Erwartungen würden dem Forscher dann vorenthalten, und die Feldforschung würde der Kontrolle und Zensur des Managements unterworfen. „In no case did I make a formal approach to the top management of any of the firms to get approval or support for the research. Several times I have seen other researchers do this and have watched higher managers set the scene and limit the inquiry to specific areas – outside management propers – as though the problem existed in a vacuum", beschreibt Melville Dalton (1959, S. 275) dieses Zugangsproblem. „I became convinced that formal approaches to these firms, if permitted, would not reveal little more than official expectations as understood at various levels. And the chance of occasionally helpful slips of the tongue during formal interviews could not be followed fruitfully without departing from the announced mode of research" (Dalton 1964, S. 65). Die Möglichkeiten und Erkenntnisse der vorgelegten Interpretationen hängen deshalb stark von meiner Übernahme der

Beraterrolle und deren Akzeptanz durch Berater und Klienten ab. Meine Zulassung als Workshop-Teilnehmer wäre sonst unwahrscheinlich gewesen, ebenso mein Zugang zu Steuerungsinstrumenten und Dokumenten. Die beschriebenen Brüche und Irrationalitäten in der Alltagspraxis der Beratungsprojekte hätten vermutlich keine offizielle Genehmigung überstanden. Schließlich ist fraglich, was ein Zurückspielen der Forschungsergebnisse ins Feld während des Beobachtungsprozesses, etwa eine Aufdeckung von Latenzen, bewirkt hätte. Eher als ein wechselseitiges Lerninteresse wäre mit Unverständnis und Ablehnung der Beforschten bis hin zu einer Unterbindung weiterer Beobachtungen zu rechnen gewesen. Eine „starke Hybridisierung der Rollen" (Hirschauer 2001, S. 444) war somit meine Zugangs- und Erkenntnisbedingung.

Der Nachteil meiner Selbstdarstellung als Berater könnte eher in der Festlegung meiner Beobachtungen auf die Perspektive einer einzigen, sehr bestimmten Stelle innerhalb eines eingespielten Teams von Beteiligten gesehen werden. Ich habe das Feld gewiss sehr selektiv wahrgenommen. „Qualitative Forschungen tendieren immer dazu, dass man dort forscht, wohin das Feld einen trägt" (Bachmann 2009, S. 265), und in diesem Sinne mögen meine Beobachtungen und die darauf aufbauenden Interpretationen durch eine spezifische, eng zugeschnittene Sichtweise innerhalb des Beraternetzwerks auf organisationale Steuerungsinstrumente geprägt sein.

Dazu trägt auch bei, dass die hierarchische Konstellation des Beraternetzwerks mit der Forschungskonstellation zusammenfällt. Ich war als neuer Berater mit sehr geringem Rang versehen und deshalb angehalten, die Situationsauffassungen der Kollegen – und bis auf wenige Ausnahmen waren alle Kollegen erfahrener als ich – anzuerkennen (vgl. Luhmann 1976, S. 157). Als „research up" bezeichnen Warneken und Wittel (1997) solche Rangunterlegenheiten von Feldforschern im Feld und fordern dazu auf, sie in Forschungsberichten anzusprechen, um unkontrollierte Effekte in der Ergebnisdokumentation zu vermeiden. Vor diesem Hintergrund muss ich eine gute Portion „vorauseilenden Gehorsam", der der Vermeidung von möglichen Auseinandersetzungen um die Steuerungsinstrumente diente, zugestehen. Vielleicht war meine eigene Akzeptanz der offiziellen Sinn- und Zweckzuordnungen der Instrumente zu bereitwillig; vielleicht hätten Rückfragen an Kollegen andere Verständnismöglichkeiten der Steuerungsinstrumente auch im Feld zutage gefördert. Mir bleibt zu hoffen, dass die radikale Infragestellung der Instrumente in meinen Interpretationen keinen sich aus der Erhebungssituation ergebenden, unsachlichen Kritikbedürfnissen geschuldet ist.

Die in dieser Fallstudie dargestellten Ergebnisse widersprechen den Selbstwahrnehmungen und -beschreibungen des Beraternetzwerks und seiner Klienten. Es liegt daher in meiner Verantwortung, mögliche Schäden der im Feld befindlichen Unternehmen und Akteure durch die vorgestellten Rekonstruktionen zu vermeiden.

Die verarbeiteten Informationen sind sensibel. Daraus ergibt sich die Notwendigkeit einer Diskretion in meiner Darstellung, der ich in den vorangegangenen Kapiteln mit Anonymisierungen und Verfremdungen zu entsprechen versucht habe. Die beratenen Unternehmen und die beteiligten Berater stelle ich etwas anders dar, als ich sie tatsächlich beobachtet habe. Die betreffenden Branchen, die Bezeichnungen einzelner Unternehmensbereiche und -abteilungen und auch den Arbeitskontext der Berater habe ich soweit verändert, dass Rückschlüsse auf die beteiligten Organisationen und Akteure möglichst schwer fallen. Die Unternehmen habe ich durch Buchstaben gekennzeichnet, wörtliche Zitate aus den angefertigten Protokollen an diversen Stellen vermieden und durch referierende Paraphrasen ersetzt. Die Prozesse und Artefakte, auf die ich meine Rekonstruktionen aufbaue, habe ich sachlich jedoch nicht verändert und so originalgetreu dargestellt, wie es das Diskretionsgebot zulässt. Meine Schilderungen von Beratungsprozessen und Darstellungen von Steuerungsinstrumenten sind meiner Meinung nach eine plausible Interpretationsgrundlage, denn ich habe sie in den beobachteten Beratungsprojekten so aufgefasst und festgehalten, wie ich sie hier beschreibe, und anschließend lediglich in einen anderen Kontext verlegt und mit anderen Bezeichnungen versehen.

Allerdings sollte die tatsächliche Bedeutung dieser Fallstudie für das Feld auch nicht überschätzt werden (vgl. Bachmann 2009, S. 260f.). Ich bin für die Beobachteten eher unwichtig, und meine Ausführungen werden die Betroffenen nicht ohne weiteres lesen. Läsen sie sie aber doch, stünden ihnen alle Möglichkeiten zu konkurrierenden Beschreibungen offen. Sie sind mir nicht hilflos ausgeliefert. Die Berater und Klienten haben mich während meiner Beobachtungen erlebt und wissen um die Subjektivität und Selektivität meiner Beschreibungen.

Ein grundlegendes Problem teilnehmender Beobachtungen ist die Möglichkeit ihrer Verallgemeinerung (vgl. Bachmann 2009, S. 267). Im Zentrum der vorgelegten Fallstudie stehen ausschnitthafte Szenen aus einzelnen Implementierungsprozessen von Steuerungsinstrumenten. Die achtmonatige Erhebungsphase, während der ich eine eng zugeschnittene Rolle im Feld übernahm, übt einen starken Einfluss auf meine Darstellungen aus. Im Zuge meiner Be- und Umschreibungen hatte ich großen Spielraum, und die Verschmelzung von Beobachtung und Deutung erschwert die textimmanente Kontrolle dieses Spielraumes (vgl. Hirschauer 2001, S. 448). Ein Nachweis über die Authentizität meiner Beobachtungen fällt daher schwer. Sie können praktisch nicht intersubjektiv überprüft werden. Die enthaltenen Generalisierungen über Steuerungsinstrumente und ihre Handhabung in Unternehmen und Beratungsprojekten sind somit durchweg angreifbar. Mir bleibt übrig, den Leser aufzufordern, andere Informationsquellen neben dieser Arbeit hinzuzuziehen, Selbstbeschreibungen des Feldes zum Vergleich zu nutzen und vielleicht selbst unmittelbaren Kontakt zu Ambitionen auf Organisationssteuerung mit Instrumenten zu suchen. Selbst wenn der Leser dieser Aufforderung nicht nachkommt, kann ich mir nun nicht mehr sicher sein, ob er es nicht doch tut. Die Gefahr einer plausibleren Gegendarstellung mag als Disziplinierungsmaßnahme bezüglich der in dieser Fallstudie vorgenommenen Konstruktionen und Deutungen hilfreich sein.

Literatur

Bachmann, Götz (2009). Teilnehmende Beobachtung. In: Kühl, Stefan, Strodtholz, Petra, & Taffertshofer, Andreas (Hrsg.), Handbuch Methoden der Organisationsforschung. Quantitative und Qualitative Methoden (S. 248–271). Wiesbaden: VS Verlag für Sozialwissenschaften.

Becker, Brian E., Huselid, Mark A., & Ulrich, Dave (2001). The HR Scorecard. Linking People, Strategy and Performance. Boston, Massachusetts: Harvard Business School Press.

Brunsson, Nils (1982). The Irrationality of Action and Action Rationality: Decisions, Ideologies and Organizational Action. Journal of Management Studies 19, 29–44.

Brunsson, Nils (1985). The Irrational Organization. Irrationality as a Basis for Organizational Change and Action. Chichester: John Wiley & Sons.

Chua, Wai Fong (1995). Experts, Networks and Inscriptions in the Fabrication of Accounting Images: A Story of the Representation of Three Public Hospitals. Accounting, Organizations and Society 20, 111–145.

Cohen, Michael D., March, James G., & Olsen, Johan P. (1972). A Garbage Can Model of Organizational Choice. Administrative Science Quarterly 17, 1–25.

Crozier, Michel, & Friedberg, Erhard (1979). Macht und Organisation. Die Zwänge kollektiven Handelns. Königsstein/Ts.: Athenaeum.

Dalton, Melville (1959). Men Who Manage. Fusions of Feeling and Theory in Administration. New York: John Wiley & Sons.

Dalton, Melville (1964). Preconceptions and Methods in Men Who Manage. In: Hammond, Phillip E. (Hrsg.), Sociologists at Work. Essays on the Craft of Social Research (S. 50–95). New York: Basic Books.

DiMaggio, Paul J., & Powell, Walter W. (1983). The Iron Cage Revisited: Institutional Isomorphism and Collective Rationality in Organizational Fields. American Sociological Review 48, 147–160.

Erpenbeck, John, & Sauter, Werner (2009). Social Web Academy – die Zukunft des kompetenzorientierten eLearning. Kompetenzentwicklung mit New Blended Learning und Web 2.0 (Social Software). In: Siepmann, Frank (Hrsg.), Jahrbuch eLearning & Wissensmanagement 2009/2010 (S. 26–32). Albstedt: Siepmann Media.

Garfinkel, Harold (1967). Studies in Ethnomethodology. Englewood Cliffs, New Jersey: Prentice-Hall.

Goffman, Erving (2006). Wir alle spielen Theater. Die Selbstdarstellung im Alltag. 4. Aufl. München: Piper.

Gold, Raymond L. (1958). Roles in Sociological Field Observations. Social Forces 36, 217–223.

Graaf, José Mulder van de, & Rottenburg, Richard (1989). Feldforschung in Unternehmen – Ethnographische Exploration in der eigenen Gesellschaft. In: Aster, Reiner, Merkens, Hans, & Repp, Michael (Hrsg.), Teilnehmende Beobachtung. Werkstattberichte und methodische Reflexionen (S. 19–34). Frankfurt am Main: Campus.

Hasebrook, Joachim (2001). Lernen für die lernende Organisation. In: Heimer, Thomas, & Rossbach, Peter (Hrsg.), Management der Ressource Wissen in Banken (S. 237–266). Frankfurt am Main: Bankakademie-Verlag.

Hasebrook, Joachim (2004). Vom Informations- zum Kompetenzmanagement am Beispiel der betrieblichen Weiterbildung. In: Hugl, Ulrike, & Laske, Stephan (Hrsg.), Virtuelle Personalentwicklung? Status und Trends IuKT-gestützten Lernens (S. 313–337). Wiesbaden: Gabler.

Hasebrook, Joachim (2008). Aufgaben und Entwicklung des Personalcontrolling. In: Schwuchow, Karlheinz, & Gutmann, Joachim (Hrsg.), Jahrbuch Personalentwicklung 2009. Ausbildung, Weiterbildung, Management Development (S. 3–11). Neuwied: Luchterhand.

Heyse, Volker (2007). Strategien – Kompetenzanforderungen – Potenzialanalysen. In: Heyse, Volker, & Erpenbeck, John (Hrsg.), Kompetenzmanagement. Methoden, Vorgehen, KODE® und KODE®X im Praxistest (S. 11–179). Münster: Waxmann.

Hirschauer, Stefan (2001). Ethnographisches Schreiben und die Schweigsamkeit des Sozialen. Zu einer Methodologie der Beschreibung. Zeitschrift für Soziologie 30, 429–451.

Hopwood, Anthony (1984). Accounting and the Pursuit of Efficiency. In: Hopwood, Anthony, & Tomkins, Cyril (Hrsg.), Issues in Public Sector Accounting (S. 167–187). Oxford: Philip Allan.

Hopwood, Anthony G. (1990). Accounting and Organisation Change. Accounting, Auditing and Auditability Journal 3, 7–17.

Kaltenbrunner, Franz, & Korn, Margret (2007). Erfahrungsbericht zur praktischen Nutzung von KODE® und KODE®X beim KODE®-Brush up im Oktober 2006 in Nürnberg. In: Heyse, Volker, & Erpenbeck, John (Hrsg.), Kompetenzmanagement. Methoden, Vorgehen, KODE® und KODE®X im Praxistest (S. 293–295). Münster: Waxmann.

Kalthoff, Herbert (2006). Beobachtung und Ethnographie. In: Ayaß, Ruth, & Bergmann, Jörg (Hrsg.), Qualitative Methoden der Medienforschung (S. 146–182). Reinbek bei Hamburg: Rowohlt.

Kaplan, Robert S., & Norton, David P. (1992). The Balanced Scorecard – Measures that Drive Performance. Harvard Business Review 70, 71–79.

Kaplan, Robert S., & Norton, David P. (1996). The Balanced Scorecard – translating strategy into action. Boston, Massachusetts: Harvard Business School Press.

Kieser, Alfred (1994). Fremdorganisation, Selbstorganisation und evolutionäres Management. Zeitschrift für betriebswirtschaftliche Forschung 46, 199–228.

Kühl, Stefan (2002). Sisyphos im Management. Die vergebliche Suche nach der optimalen Organisationsstruktur. Weinheim: Wiley.

Kühl, Stefan (2006a). Die nur fast gelingende Schließung des Personalentwicklungszyklus. Überlegungen zur „PE-lerisierung" der Organisation. Resource document. Universität Bielefeld. http://www.uni-bielefeld.de/soz/forschung/orgsoz/Stefan_Kuehl/pdf/Paper1.2006-Die-nur-fast-gelingende-Schließung-des-Personalentwicklungszyklus.pdf. Zugegriffen: 17. April 2014.

Kühl, Stefan (2006b). Welche Daseinsberechtigung hat Personalarbeit? Ein Thesenpapier mit Begründungen. Resource document. Universität Bielefeld. http://www.uni-bielefeld.de/soz/

forschung/orgsoz/Stefan_Kuehl/pdf/Paper6.2006-Welche-Daseinsberechtigung-hat-Per-sonalarbeit.pdf. Zugegriffen: 17. April 2014.

Kühl, Stefan (2007a). Formalität, Informalität und Illegalität in der Organisationsberatung. Systemtheoretische Analyse eines Beratungsprozesses. Soziale Welt 58, 271–293.

Kühl, Stefan (2007b). Zahlenspiele in der Entwicklungshilfe: Zu einer Soziologie des Deckungs-beitrags. In: Mennicken, Andrea, & Vollmer, Hendrik (Hrsg.), Zahlenwerk. Kalkulation, Organisation und Gesellschaft (S. 185–205). Wiesbaden: VS Verlag für Sozialwissenschaften.

Kühl, Stefan (2009). Zum Verhältnis von Beobachtungs- und Kommunikationslatenzen in Beratungsprozessen. Resource document. Universität Bielefeld. http://www.uni-bielefeld. de/soz/forschung/orgsoz/Stefan_Kuehl/pdf/a-Beobachtungs-und-Kommunikationsla-tenz-3-Endfassung-090309.pdf. Zugegriffen: 17. April 2014.

Lindblom, Charles E. (1959). The Science of "Muddling Through". Public Administration Review 19, 79–88.

Lindner, Rolf (1981). Die Angst des Forschers vor dem Feld. Überlegungen zur teilnehmenden Beobachtung als Interaktionsprozeß. Zeitschrift für Volkskunde 77, I. Halbjahresband, 51–66.

Luhmann, Niklas (1975a). Reform des öffentlichen Dienstes. Zum Problem ihrer Probleme. In: Luhmann, Niklas, Politische Planung. Aufsätze zur Soziologie von Politik und Ver-waltung (S. 203–256). 2. Aufl. Opladen: Westdeutscher Verlag.

Luhmann, Niklas (1975b). Zweck – Herrschaft – System. Grundbegriffe und Prämissen Max Webers. In: Luhmann, Niklas, Politische Planung. Aufsätze zur Soziologie von Politik und Verwaltung (S. 90–112). 2. Aufl. Opladen: Westdeutscher Verlag.

Luhmann, Niklas (1976). Funktionen und Folgen formaler Organisation. 3. Aufl. Berlin: Duncker & Humblot.

Luhmann, Niklas (1988). Macht. 2. Aufl. Stuttgart: Ferdinand Enke.

Luhmann, Niklas (1991). Zweckbegriff und Systemrationalität. Über die Funktion von Zwe-cken in sozialen Systemen. 5. Aufl. Frankfurt am Main: Suhrkamp.

Luhmann, Niklas (1992). Organisation. In: Küpper, Willi, & Ortmann, Günther (Hrsg.), Mikropolitik. Rationalität, Macht und Spiele in Organisationen (S. 165–185). 2. Aufl. Opladen: Westdeutscher Verlag.

Luhmann, Niklas (1994). Soziale Systeme. Grundriß einer allgemeinen Theorie. 5. Aufl. Frankfurt am Main: Suhrkamp.

Luhmann, Niklas (2000). Organisation und Entscheidung. Opladen: Westdeutscher Verlag.

Luhmann, Niklas (2005a). Allgemeine Theorie organisierter Sozialsysteme. In: Luhmann, Niklas, Soziologische Aufklärung 2. Aufsätze zur Theorie der Gesellschaft (S. 48–62). 5. Aufl. Wiesbaden: VS Verlag für Sozialwissenschaften.

Luhmann, Niklas (2005b). Organisation und Entscheidung. In: Luhmann, Niklas, Soziolo-gische Aufklärung 3. Soziales System, Gesellschaft, Organisation (S. 389–450). 4. Aufl. Wiesbaden: VS Verlag für Sozialwissenschaften.

March, James G., & Simon, Herbert A. (1958). Organizations. New York: John Wiley & Sons.

Mayntz, Renate (1973). Die Funktionen des Beförderungssystems im öffentlichen Dienst. Die öffentliche Verwaltung 26, 149–153.

Mennicken, Andrea, & Vollmer, Hendrik (Hrsg.) (2007). Zahlenwerk. Kalkulation, Organi-sation und Gesellschaft. Wiesbaden: VS Verlag für Sozialwissenschaften.

Merton, Robert K. (1967). Manifest and Latent Functions. In: Schuler, Edgar A., Hoult, Thomas F., Gibson, Duane L., & Brookover, Wilbur B. (Hrsg.), Readings in Sociology (S. 28–37). 3. Aufl. New York: Thomas Y. Crowell.

Meyer, John W. (1986). Social Environments and Organizational Accounting. Accounting, Organizations and Society 11, 345–356.

Meyer, John W., & Rowan, Brian (1977). Institutionalized Organizations: Formal Structure as Myth and Ceremony. American Journal of Sociology 83, 340–363.

Morgan, Gereth (1988). Accounting as Reality Construction: Towards a New Epistemology for Accounting Practice. Accounting, Organizations and Society 13, 477–485.

Mouritsen, J., Larsen, H. T., & Bukh, P. N. D. (2001). Intellectual capital and the 'capable firm': narrating, visualising and numbering for managing knowledge. Accounting, Organizations and Society 26, 735–762.

North, Klaus, & Reinhardt, Kai (2005). Kompetenzmanagement in der Praxis. Mitarbeiterkompetenzen systematisch identifizieren, nutzen und entwickeln. Wiesbaden: Gabler.

Nørreklit, Hanne (2003). The Balanced Scorecard: what is the score? A rhetorical analysis of the Balanced Scorecard. Accounting, Organizations and Society 28, 591–619.

Offe, Claus (1977). Leistungsprinzip und industrielle Arbeit. Mechanismen der Statusverteilung in Arbeitsorganisationen der industriellen »Leistungsgesellschaft«. 5. Aufl. Frankfurt am Main: Europäische Verlagsanstalt.

Orton, J. Douglas, & Weick, Karl E. (1990). Loosely Coupled Systems: A Reconceptualization. The Academy of Management Review 15, 203–223.

Rausch, Peter (2009). Weiterentwicklung. Volksbank Mittelhessen fördert Führungskräfte professionell und sichert den strategischen Fortschritt der Bank. BankInformation 1, 42–44.

Selznick, Philip (1948). Foundations of the Theory of Organization. American Sociological Review 13, 25–35.

Staw, Barry M. (1980). Rationality and Justification in Organizational Life. In: Staw, Barry M., & Cummings, Larry L. (Hrsg.), Research in Organizational Behavior. An Annual Series of Analytical Essays and Critical Reviews (S. 45–80). Bd. 2. Greenwich, Connecticut: JAI Press.

Thompson, James D. (1967). Organizations in Action. Social Science Bases of Administrative Theory. New York: McGraw-Hill.

Townley, Barbara (1995). Managing by Numbers: Accounting, Personnel Management and the Creation of a Mathesis. Critical Perspectives on Accounting 6, 555–575.

Townley, Barbara (1996). Accounting in Detail: Accounting for Individual Performance. Critical Perspectives on Accounting 7, 565–584.

Vollmer, Hendrik (2003). Grundthesen und Forschungsperspektiven einer Soziologie des Rechnens. Sociologia Internationalis 41, 1–23.

Vollmer, Hendrik (2004). Folgen und Funktionen organisierten Rechnens. Zeitschrift für Soziologie 33, 450–470.

Warneken, Bernd Jürgen, & Wittel, Andreas (1997). Die neue Angst vor dem Feld. Ethnographisches research up am Beispiel der Unternehmensforschung. Zeitschrift für Volkskunde 93, I. Halbjahresband, 1–16.

Weick, Karl E. (1976). Educational Organizations as Loosely Coupled Systems. Administrative Science Quarterly 21, 1–19.

Weick, Karl E. (1979). The Social Psychology of Organizing. 2. Aufl. Reading, Massachusetts: Addison-Wesley.

Widener, Sally K. (2004). An empirical investigation of the relation between the use of strategic human capital and the design of the management control system. Accounting, Organizations and Society 29, 377–399.

Wöhe, Günter, & Döring, Ulrich (2000). Einführung in die allgemeine Betriebswirtschaftslehre. 20. Aufl. München: Vahlen.

The manufacturer's authorised representative in the EU is Springer
Nature Customer Service Centre GmbH, Europaplatz 3, 69115 Heidelberg,
Germany. If you have any concerns regarding our products, please
contact ProductSafety@springernature.com

Printed and bound by CPI Group (UK) Ltd, Croydon, CR0 4YY
27/04/2026
02097573-0002